高校思政教育的理论与发展研究

蔡 蓉 靳超英 杨 楠 著

中国国际广播出版社

图书在版编目（CIP）数据

高校思政教育的理论与发展研究／蔡蓉，靳超英，杨楠著．-- 北京：中国国际广播出版社，2024.8．
ISBN 978-7-5078-5632-3

Ⅰ．G641

中国国家版本馆 CIP 数据核字第 2024YM7433 号

高校思政教育的理论与发展研究

著　　者	蔡　蓉　靳超英　杨　楠
责任编辑	张娟平
校　　对	张　娜
封面设计	万典文化

出版发行	中国国际广播出版社有限公司
电　　话	010-86093580　010-86093583
地　　址	北京市丰台区榴乡路 88 号石榴中心 2 号楼 1701
邮　　编	100079
印　　刷	唐山唐文印刷有限公司
开　　本	787 毫米×1092 毫米　1/16
字　　数	180 千字
印　　张	12
版　　次	2025 年 1 月第 1 版
印　　次	2025 年 1 月第 1 次印刷
定　　价	78.00 元

（版权所有　翻印必究）

PREFACE 前　言

　　高校思想政治教育是培养社会主义事业建设者和接班人的重要环节，是大学教育中的一项基础工程。随着时代的发展和社会的变革，高校思政教育不仅需要适应新时代背景下的需求，更需要与国家发展战略和社会进步保持紧密的联系。本研究旨在深入探讨高校思政教育的理论基础和发展路径，以期为当前和未来的高校思政工作提供有益的理论指导和实践经验。在新时代背景下，高校思政教育的使命更加严峻而艰巨。如何在面对多元文化、知识多元、观念多元的大学环境中，引导学生树立正确的世界观、人生观、价值观，成为摆在高校思政工作者面前亟待解决的问题。本文将围绕高校思政教育的理论框架展开研究，深入剖析其内涵和特点，以期为高校思政工作者提供可行的教育策略和实施路径。研究的背景源于高校思政教育在新时代面临的挑战和机遇。新的社会发展要求高校思政教育更加注重个性化发展和创新能力的培养，同时要使学生在面对复杂社会问题时具备更为全面的思考能力。本研究将通过对国内外高校思政教育理论的回顾与比较，探讨其发展的历史脉络和未来趋势，旨在为高校思政工作者提供理论参考和实践启示。在当今快速变革的社会环境中，高校思政教育的理论与发展成为一个备受关注的焦点。随着社会经济的发展和人们价值观的不断演进，高等教育在培养学生综合素质、提升社会责任感方面的角色愈加凸显。在这一背景下，思想政治教育作为高校教育的重要组成部分，不仅要适应时代的变革，更需紧跟时代的步伐，深入挖掘理论内涵，不断拓展实践领域。本书旨在深入探讨高校思政教育的理论框架与发展路径，既对现有研究成果进行综述，也力求在此基础上进行深入挖掘和创新。通过对思政教育理论的梳理揭示其中的内在逻辑和核心价值，为高校思政教育提供更为科学、有效的理论指导。

CONTENTS 目 录

第一章 高校思政教育的理论基础 ·········· 1
第一节 思想政治教育的定义与内涵 ·········· 1
第二节 思政教育与学科教育的关系 ·········· 6
第三节 当代高校思政教育理论体系 ·········· 22

第二章 思政教育的发展历程 ·········· 32
第一节 我国高校思政教育的历史回顾 ·········· 32
第二节 政治理论课程的建设与发展 ·········· 44
第三节 思政教育的国际比较与借鉴 ·········· 62

第三章 高校思政教育的组织与管理 ·········· 73
第一节 思政课程设置与教学体系 ·········· 73
第二节 思政教育团队建设 ·········· 78
第三节 创新思政教育的管理模式 ·········· 87

第四章 思政教育的教学方法与手段 ·········· 91
第一节 互动式教学在思政课程中的应用 ·········· 91
第二节 利用虚拟现实技术促进思政教育 ·········· 97
第三节 实践与案例教学在思政教育中的实践 ·········· 102

第五章 思政教育与学生成长 ·········· 108
第一节 思政教育对学生人格塑造的影响 ·········· 108
第二节 思政教育与学生社会责任感培养 ·········· 112
第三节 思政教育对学生职业规划的促进 ·········· 115

第六章　思政教育的跨学科融合 120

第一节　艺术与文学在思政教育中的作用 120
第二节　科学与技术如何服务于思政教育 124
第三节　思政教育与社会科学的交叉 128

第七章　高校思政教育的社会责任 133

第一节　高校与社会公益事业的合作 133
第二节　学生社会责任与思政教育 135
第三节　高校在公共领域的参与与贡献 140

第八章　全球视野下的高校思政教育 148

第一节　国际经验与最佳实践 148
第二节　跨文化思政教育的挑战与机会 153
第三节　在全球范围内推动高校思政教育的发展 159

第九章　高校思政教育未来的展望 166

第一节　高校思政教育的新趋势 166
第二节　科技创新与思政教育的整合 170
第四节　持续发展与创新的战略规划 177

参考文献 183

第一章 高校思政教育的理论基础

第一节 思想政治教育的定义与内涵

思想政治教育是一种通过教育手段来引导、培养和发展公民的思想观念和政治觉悟的过程。这种教育旨在使个体具备正确的思想观念、道德品质和政治素养，以便他们能够更好地履行公民责任，积极参与社会、政治生活，并为社会的发展和进步作出积极贡献。

一、思想政治教育的定义

思想政治教育，一种错综复杂、充满深度的教育形式，其意图在于引导个体迈向扑朔迷离的思想天地，塑造其价值观的方向，培养公民责任感和社会责任感，同时提升其政治素养和社会意识。这并非仅仅是对个体认知和道德发展的关照，更是对整体社会稳定和发展的一次深刻参与。思想政治教育的定义映射着对公民政治觉悟和社会责任感的引导，以及对正确思想观念和价值观的雕琢。系统的教育过程中，个体陷入各种思想体系的交织，逼迫其形成独立而深邃的思考能力。这种复杂性有助于个体更好地在社会的纷繁变局中调适、解决问题，为社会的和谐稳定注入积极的能量。思想政治教育通过深入研究历史、文化、社会制度等方面，推动个体构建全面、科学、正确的思维框架。在这思想的迷宫中，个体不再是简单的独立个体，而是社会脉络的一部分，背负着对社会的独特责任。社会责任感被强调，个体被激励积极参与社会事务，关心他人，塑造一种以社会为重的价值观。这种积极参与为社会建设奠定基石，推动社会走向更加公正、平等、和谐的方向。思想政治教育致力于提升个体的政治素养和社会意识。政治素养不再是单纯的政治知识的堆砌，更是对如何参与政治决策、理解社会发展规律的深刻领悟。通过思想政治教育，个体能够更透彻地理解社会的错综复杂性，对社会问题有深刻的认知，以更高的社会意识参与社会事务，推动社会朝着更进一步的方向迈进。思想政治教育是一场思想的盛宴，其目标在于引导个体在思想的海洋中航行，培养社会责任感，提升政治素养和社会意识。这场盛宴不仅助力个体的全面发展，更为社会的巩固和繁荣带来积极的推动。

二、思想政治教育的内涵

（一）塑造正确的世界观和人生观

塑造正确的世界观和人生观是思想政治教育的一项重要使命。这一目标不仅涉及个体的认知结构，更关系到其对自身、社会和整个世界的深刻理解。思想政治教育通过一系列系统而深刻的教育手段，致力于引导个体形成具有正确认知和积极向上人生态度的观念。正确的世界观是思想政治教育关注的核心。世界观是个体对世界整体性质和本质的总体看法，是一个人对宇宙、社会、人生等问题所持的根本看法。在这方面，思想政治教育注重通过多元的知识传递和思想引导，使个体形成科学、客观、全面的世界观。这需要从历史、哲学、文学等多个角度进行深入研究，以帮助个体理解世界的演变和本质，培养对复杂社会现象的辨析能力。通过这样的过程，个体能够树立起辩证唯物主义和历史唯物主义的正确世界观基石，避免片面、主观的看法，形成更为系统和科学的认知结构。人生观涉及个体对人生价值、意义和目标的理解，是决定其行为准则和人生选择的基础。思想政治教育通过深化对人生哲学的学习，引导个体对人生进行深刻的思考，使其在复杂多变的社会环境中能够确立积极向上的人生态度。这需要突出个体责任感和奉献精神的培养，引导个体认识到自身的价值与社会的发展、进步密切相连。通过深刻理解人生的终极意义，个体能够更加坚定对人生的追求，塑造积极向上、充满责任感的人生观。思想政治教育还要注重引导个体正确看待自己、社会和世界的关系。这包括个体对自我认知的深入，理解自身优势与不足，接纳自己的独特性。同时，也涉及对社会和世界的客观认知，避免极端主义和狭隘民族主义等不科学的观念。通过对多元文化的尊重和包容，个体能够更好地融入社会，建立起开放、包容的思维方式。在实现这些目标的过程中，思想政治教育需要采用灵活多样的教学手段，包括但不限于课堂教学、社会实践、心理辅导等。通过这些手段，个体在思考和实践中逐渐建立起正确的世界观和人生观，形成对社会和个体发展有益的认知结构。这不仅有助于个体更好地适应社会，还能够为社会的进步和稳定贡献积极力量。总的来说，思想政治教育在塑造正确的世界观和人生观方面具有重要而深远的意义。

（二）培养社会责任感和公民意识

思想政治教育在其使命中突显培养社会责任感和激发公民意识的重要性。这不仅仅是为了个体的自身发展，更是为了引导其认识到在社会大整体中所承担的地位和责任。思想政治教育以一系列深入和系统的教育手段，着眼于激发个体对社会的认知和责任感，使其真切地了解履行公民义务的重要性，并积极参与社会事务。个体在社会中不是孤立存在的单元，而是一个更大体系的一部分。思想政治教育通过引导个体认识到自身在社会中的关键角色，让其深刻领悟到社会责任感的紧迫性和不可推卸性。这需要通过丰富的社会实践、志愿服务等活动，让个体亲身感受到社会的需求和他人的依赖，从而培养出对社会贡献的热切渴望。公民意识是个体对于履行公民义务、参与社会事务的自觉意识。思想政治教育通过深化个体对法律法规和社会规范的理解，引导其建立起正确的公民观念。这不仅包括对基本权利和义务的认知，更包括对社会制度和法治建设的理解。通过对社会组织和机制的介绍，个体能够更加清晰地认识到自身在社会结构中的角色，形成积极参与社会事务的主动性。思想政治教育通过对公共事务的关注和参与引导，使个体逐渐养成关心社会大局、关注公共利益的良好习惯。这需要通过媒体和社会活动，让个体更广泛地了解社会热点和问题，培养其对社会事务的敏感性。思想政治教育要使个体逐步意识到，每一个公民都是社会发展和变革的重要参与者，其言行举止都可能对社会产生深远的影响。

在教育过程中，思想政治教育需要采用灵活多样的方法，如社会实践、案例分析、讨论等，以激发个体的社会责任感和公民意识。通过这些手段，个体将在日常生活中逐渐树立正确的社会观念，树立对公共利益的认同感，更加积极地投身社会事务。这不仅有助于个体在社会中更好地发挥作用，也为社会的持续稳定和进步提供了有力的支持。思想政治教育因此在培养社会责任感和公民意识方面发挥着不可替代的作用。

（三）提高政治素养和参与意识

政治教育的广度延伸至提升公民的政治素养，旨在使其具备理解和积极参与国家与社会政治生活的能力。这涉及对政治制度与法律法规的深度理解，以及对公共事务的主动参与。政治素养的升华成为教育的关键，要求个体对政治体系和社会运行机制有更为深入的洞察，能够在复杂多变的政治环境中做出明智的决策。政治素养的提高要求个体对政治制度的全面理解。这涉及到对国家政治架构、决策层面以及政府机构运作的深刻认知。政治教育的目标是引导个体深入了解国家治理体系的运转原理，使其能够理解政治力量的分配、协调与制衡。通过对政治体制的解剖，个体能够更准确地把握权力结构与运作规律，形成具有深刻政治洞察力的素养。政治教育的关键是培养个体对法律法规的全面认知。这需要个体对法治的内在逻辑和社会价值有清晰的认识，能够理解法规在维护社会秩序和公平正义中的作用。政治素养的提高需要个体能够自觉遵循法律，同时具备对法律制度进行合理批判的能力。通过深入学习法律知识，个体能够形成对法律规定的全面理解，建立起积极的法治观念。政治素养的升华要求个体对公共事务有积极的参与意识。这包括了解并参与到社会各层面的公共决策过程中，能够表达个体对社会问题的看法和需求。政治教育在这方面的工作是引导个体发展出参与公共事务的主动意识，通过公共参与活动，从而更好地了解社会、反映民意、推动社会进步。这需要政治教育引导个体关注公共议题，提高对社会问题的敏感性，并学会通过公民参与的方式对社会产生积极影响。在实现这些目标的过程中，政治教育需要结合实际情况采用灵活多样的教学手段，如模拟政治决策、社会实践、实地考察等方式。通过这些方式，个体将更深入地了解政治体系和法治原则，提高对公共事务的参与能力，形成更为全面的政治素养。这不仅有助于个体更好地融入社会，更为国家和社会的政治生活带来积极的参与与贡献。政治教育的任务在于提升公民的政治素养，引导其更深度地理解与参与政治生活，为社会的健康发展提供坚实支撑。

（四）弘扬社会主义核心价值观

在特定社会背景下，思想政治教育的范畴进一步拓展，包括对社会主义核心价值观的宣传和弘扬，旨在引导个体树立正确认知和价值观，加强集体主义精神与社会责任感。这个过程不仅需要深入传达核心价值观的内涵，更需要激发个体对社会价值的积极参与与贡献。思想政治教育要通过多层面的宣传，确保社会主义核心价值观的广泛传播。通过媒体、课程以及社会文化活动，让核心价值观深入人心，成为个体认知结构的重要组成部分。这要求思想政治教育创造性地利用多种传媒形式，使核心价值观不仅是概念性的，更是贴近生活的，融入个体的思维和行为。思想政治教育需引导个体对核心价值观进行深入解读，形成自觉接受并内化这一体系的过程。这需要在教育中强调核心价值观与个体实际生活的结合，通过具体案例和实际问题引导个体深入思考核心价值观的实际意义，使之在个体心灵深处扎根。思想政治教育还要注重通过各类实践活动，激发个体对核心价值观的实际参与。这包括社区服务、志愿者活动等形式，通过实际行动让个体感受到核心价值观的引导下，自身的价值得以体现。实践是思想政治教育的检验场，通过实际活动，个体能够更深刻地理解核心价值观，使之在行为中得以具体体现。在实现这些目标的过程中，思想政治教育需结合社会实际，灵活运用多种教学手段，以确保核心价值观的传播和深入人心。通过这样的努力，个体将更深度地理解和接受核心价值观，形成与社会共鸣的思想认知。这不仅有助于加强社会的凝聚力和稳定性，更为社会主义制度的良性发展提供了有力支持。思想政治教育在弘扬社会主义核心价值观方面有着重要而深远的使命。思想政治教育的定义涉及引导和培养个体正确的思想观念和政治觉悟，而其内涵则包括对思想、道德、政治等多个方面的教育内容，旨在塑造积极向上、有社会责任感的公民形象。

第二节 思政教育与学科教育的关系

一、思政教育的全局性和引领作用

思想政治教育作为一门综合性的教育，贯穿在整个学科教育的过程中，具有全局性和引领作用。它不仅关注学科知识的传授，更注重培养学生正确的思想观念、价值观，引导他们树立正确的人生目标。思政教育在学科教育中充当着引导、塑造学生综合素养的角色，使得学科教育更具有社会责任感和人文关怀。

（一）全局性的思政教育

全局性的思政教育是一项超越单一学科边界、渗透整个教育过程的重要使命。思政教育不仅仅是对特定学科知识的传授，更注重塑造学生的思想观念和价值观，以培养其全面素养。在这个层面上，思政教育成为教育体系中不可或缺的全局性任务。全局性的思政教育突破了学科的狭隘框架，将关注点延伸至个体思想观念的培养。传统教育常局限于学科知识的灌输，而全局性的思政教育关注的是个体的认知和价值观的构建。通过引导学生深度思考，激发其对世界的独立见解，思政教育助力学生建立更为科学、深刻的思考框架，超越狭隘的学科界限。素养的培养不仅仅关乎专业技能的掌握，更涉及到学生在思想观念、道德品质等方面的全面提升。思政教育通过在教学中渗透社会伦理、人文关怀等元素，培养学生的道德感和社会责任感，使其具备更全面的人文素养。全局性的思政教育追求的不仅是知识的灌输，更在于引导学生建构正确的人生观。通过深入讨论社会问题、伦理道德等议题，思政教育助力学生形成积极向上、负责任的人生态度。这种全局性的引导使得学生更具有担当社会责任的意识，超越狭隘的学科视野，为社会的长远发展培养更有远见的人才。全局性的思政教育成为培养具备综合素养的复合型人才的必然选择。社会对人才的需求不再仅仅是专业技能，更需要具备良好的人际沟通、团队协作、创新能力等综合素养的人才。全局性的思政教育通过培养学生的思维能力、创新精神和团队协作精神，使其更好地适应未来社会的发展需求。全局性的思政教育将教育的视野从狭隘的学科范围拓展至更为广泛的人文关怀和社会责任，致力于培养具备独立思考、全面素养的学生。这种教育理念不仅有助于学生在各个领域中更好地发展，也为社会培养了更具深度和广度的人才，为社会的可持续发展提供了坚实的基础。

（二）引领作用的体现

思政教育的引领作用在于深度渗透学科内容，通过对学科知识的引导和解读，使学生能够更全面、更深刻地理解知识的社会背景和价值取向。这种引领不仅仅局限于学科知识的传授，更注重培养学生在学科学习中的独立思考和价值观的构建，形成正确的学科态度。思政教育的引领作用体现在对学科知识的社会背景进行深入解读。学科知识并非孤立存在，而是受到社会、文化、历史等多重因素的影响和制约。思政教育通过对学科知识的社会背景进行解读，使学生深刻认识到学科知识与社会发展的紧密联系。这种引领使学生在学习过程中能够超越纯粹的学科表象，更深入地理解知识的本质和对社会的重要性。思政教育引导学生正确对待学科中的知识，避免片面理解和应试教育的陷阱。传统教育往往强调对知识点的记忆和灌输，而忽视了知识的深层次理解。思政教育通过启发性的教学方法，引导学生主动思考，对学科知识进行综合性分析和评价。这种引领作用使学生超越了对知识的肤浅理解，更加关注知识的内在关联和实际应用。思政教育帮助学生树立正确的学科态度和学科价值观。学科不仅仅是一堆知识的堆砌，更是一种思考方式和解决问题的工具。思政教育引导学生在学科学习中形成积极进取、探索求索的态度，激发他们对学科的兴趣和热情。通过深入理解学科知识的背后逻辑和社会意义，学生在学科学习中逐渐培养起对学科的独特理解和认同。在实现这些目标的过程中，思政教育需要采用多元的教学手段，如案例分析、讨论、实践活动等，以激发学生的学科兴趣和主动性。通过这些引导，学生将更加深刻地认识到学科知识的全貌，形成对学科的全面理解和对知识的深层思考。这不仅有助于学生更好地应对学科学习中的挑战，也为其未来在社会中运用学科知识提供了坚实基础。思政教育的引领作用因此在帮助学生全面理解学科知识的同时，也在培养他们的独立思考和价值观形成方面发挥着至关重要的作用。

（三）培养正确的思想观念和价值观

教育不仅仅是传授知识，更是塑造人的思想和价值观的过程。首先，教育应该注重培养学生的批判性思维能力。这意味着教育不应仅仅是简单地灌输知识，而应该激发学生的思考，培养他们质疑和分析问题的能力。通过批判性思维，学生能够更好地辨别信息的真伪，形成自己的独立见解。学校应该不仅仅是知识的传授者，更应该是培养学生积极参与社会事务的场所。通过课堂教学和社会实践，学生应该认识到他们作为公民的责任，关心社会问题，参与公益活动，为社会发展贡献力量。

当今社会是一个多元化的社会，学生应该学会尊重和欣赏不同文化、不同背景的人。教育应该通过跨文化交流和文化教育，帮助学生打破偏见和成见，建立包容性的思维方式，促进不同文化之间的交流与理解。家庭是孩子成长的第一所学校，家长在孩子成长过程中起着至关重要的作用。家庭应该成为孩子的道德榜样，传递正确的价值观念和道德观念。通过言传身教，家长可以教导孩子如何诚实守信、友善待人、关爱他人，从而帮助他们树立正确的人生观和价值观。

（四）塑造学生综合素养

思政教育在学科教育中扮演引导和塑造学生综合素养的关键角色。其任务不仅仅局限于传递学科知识，更聚焦于培养学生的社会责任感、创新精神等全面素养。通过学科教育的精心设计，思政教育旨在使学生具备不仅是专业知识，更包括批判性思维、团队协作等多方面的综合素养，从而更好地适应社会的发展和变革。思政教育通过学科教育引导学生培养社会责任感。社会责任感是综合素养的关键组成部分，涉及个体对社会的认同和担当。在学科教育中，思政教育通过注重案例教学、社会问题讨论等方式，引导学生深入思考学科知识与社会的关联，激发他们对社会问题的关切，并鼓励他们在未来的专业实践中承担更多的社会责任。思政教育通过学科教育塑造学生的创新精神。创新精神是综合素养中的一项重要品质，能够推动社会进步和个人发展。在学科教育中，思政教育通过强调问题解决、实践探索等方法，鼓励学生独立思考、勇于创新。这种引导有助于培养学生面对复杂问题时能够灵活运用知识和技能，提高解决问题的能力。思政教育注重通过学科教育培养学生的批判性思维。批判性思维是学生在学科学习中分析、评价信息的能力，有助于他们更深刻地理解学科知识。在学科教育中，思政教育通过引导学生主动参与讨论、提出质疑等方式，激发学生的批判性思考，使其在学科领域具备独立见解和思考的能力。思政教育通过学科教育培养学生的团队协作能力。在综合素养中，团队协作能力是非常重要的一项素养，能够帮助学生更好地适应社会工作环境。在学科教育中，思政教育通过项目合作、小组讨论等形式，引导学生学会与他人合作、分享知识，使其在团队中能够更好地发挥个人优势，实现协同效应。思政教育在学科教育中的引导作用不仅仅局限于知识传递，更注重培养学生的综合素养。通过塑造社会责任感、创新精神、批判性思维和团队协作能力，思政教育为学生提供了更全面的教育体验，使其更好地适应未来社会的发展和变化。

二、思政教育与学科教育的互动关系

思政教育与学科教育相互渗透、相互促进。在学科教育中，思政教育通过对具体学科内容的引导和解读，帮助学生更好地理解学科知识的社会背景和价值取向。反过来，学科教育的深入学习也为思政教育提供了实际的知识基础，使思政教育更有实质性的内容。

（一）思政教育对学科内容的引导与解读

在学科教育中，思政教育通过对具体学科内容的引导和解读，赋予学生更深刻的学科知识理解，使其更好地把握学科知识的社会背景和价值取向。这一过程旨在将学科知识融入社会思考和价值判断的框架，使学生不仅仅获取冷冰冰的事实，更能理解知识背后的社会关联和价值导向。通过对历史学科内容的引导与解读，思政教育能够帮助学生深刻理解历史事件对社会的深远影响。历史不仅是一系列事件的简单堆叠，更是社会演变和人类进步的记录。思政教育通过引导学生深入思考历史事件的背后原因、影响以及对社会结构的塑造，培养学生对社会变迁的敏感性和理解能力。这种引导使学生能够将历史知识与现实社会联系起来，提高他们的社会意识和历史思维。思政教育通过对其他学科内容的引导与解读，拓展学生对社会问题的思考能力。无论是在科学、文学还是其他领域，学科知识都是对社会现象和问题的一种解释和反映。思政教育引导学生通过学科知识的学习，深入思考科学技术对社会的影响、文学作品对文化的传承等方面的问题。这种引导与解读帮助学生建立跨学科的视野，培养他们综合思考社会问题的能力。

学科知识不仅仅是客观存在的事实，更包含着不同的价值取向。思政教育通过对学科内容的解读，引导学生理解学科知识中蕴含的各种价值观，鼓励他们审视并形成独立的价值判断。这种引导使学生不仅仅成为知识的接受者，更能够在学科领域中展现批判性思维和价值取向。思政教育对学科内容的引导与解读是在学科教育中赋予学生更深层次理解的重要环节。通过引导学生深入思考学科知识的社会背景、影响和价值导向，思政教育助力学生更好地理解知识的综合性和复杂性。这种引导与解读不仅使学科知识更具实际应用性，也培养了学生对社会的更深层次认知和批判性思考的能力。

（二）学科教育为思政教育提供实际的知识基础

学科教育的深入学习为思政教育提供了实际的知识基础，通过学科知识的积累，思政教育得以更具体和有针对性地引入具体案例和实例。这种相互补充的关系为学生提供了更丰富的认知体验，使他们在思政教育中更好地理解社会问题的复杂性和知识的实际应用。学科教育提供了思政教育所需的具体案例和实例。学科知识是对具体领域深刻理解的产物，而这些深度理解的实例和案例为思政教育注入了生动的内容。以法律学科为例，学生通过深入学习法治理论和法律制度，能够理解法治在社会中的具体实践。这样的案例和实例使思政教育更具体、更有实际应用性，激发学生对社会问题的深层思考。学科知识的深入学习有助于学生形成系统的理论体系，为思政教育提供理论基础。例如，在学习经济学科时，学生能够理解市场经济理论、社会分工等基本概念，这为思政教育引导学生认识社会结构和发展规律提供了坚实的理论支持。这样的理论基础有助于学生更全面地理解社会的复杂性，为他们在思政教育中形成更深层次的认知提供支撑。学科教育培养学生的批判性思维和分析能力，为思政教育提供了实际的认知工具。在学科学习中，学生接触到各种观点和理论，需要进行分析和评价。这种分析的过程培养了学生的批判性思维，使他们在思政教育中能够更理性地看待社会问题，形成独立的见解。学科教育为思政教育提供了实际的知识基础，通过学科知识的深入学习，思政教育得以更有深度和实际针对性地引导学生深刻思考社会问题。这种相互支持的关系不仅使学科知识更具社会意义，也为学生的全面发展提供了有力支持。

（三）互动促进综合素养的培养

在当今社会，互动促进综合素养的培养已经成为教育领域的重要议题。互动不仅是知识传授的方式，更是培养学生综合素养的有效途径。首先，互动教学能够激发学生的学习兴趣和主动性。通过与教师和同学的互动，学生能够积极参与课堂活动，展示自己的想法和见解，从而增强学习的主动性和积极性。在这个过程中，学生不仅仅是被动接受知识，更是通过思考和讨论，积极构建自己的知识体系。

在互动过程中，学生需要与教师和同学进行有效的沟通和交流，表达自己的观点和想法，理解他人的观点和想法。通过这种沟通交流，学生能够提高自己的口头表达能力和倾听能力，培养良好的人际交往技巧。同时，学生还需要在合作中完成任务和解决问题，培养团队精神和合作意识，这对于他们未来的社会生活和工作都具有重要意义。学生需要分析和评价不同观点的优缺点，思考问题的本质和解决方法。通过批判性思维，学生能够更好地理解知识，判断信息的真伪，形成独立的见解。同时，互动教学也能够激发学生的创造力和创新意识，鼓励他们提出新的观点和解决方案，从而培养创造性思维和创新精神。

互动教学还有助于培养学生的自我管理能力和终身学习意识。在互动的过程中，学生需要自主学习和自我管理，及时反思和调整自己的学习方法和学习策略。通过这种自主学习和自我管理，学生能够提高学习效率，培养自律意识和自我约束能力。同时，互动教学也能够激发学生对知识的持续追求和终身学习的意识，使他们成为具有综合素养的现代人。

（四）学科教育促使思政教育更有实质性的内容

学科教育的深入学习为思政教育提供了更有实质性的内容。通过学科专业性知识的深入研究，思政教育得以更加具体而贴近学生实际生活和社会的引导，使学生能够更深刻地思考社会伦理、道德等方面的问题。在学科教育的背景下，思政教育能够借助学科专业性知识提供更具体的案例和问题情境，激发学生对社会伦理与道德问题的关注和思考。例如，在学习医学类专业时，学生接触到医疗伦理、患者权益等问题，这为思政教育提供了实际案例，使学生更有针对性地思考医学领域的伦理和道德挑战。学科教育的专业知识往往涉及到具体行业的规范、道德标准等，这为思政教育提供了更为实质性的内容。例如，在学习法学专业时，学生需要了解法律体系、法治建设等方面的知识，这为思政教育提供了深刻的法治观念和法治建设的实质性内容。学科教育的实践性要求为思政教育提供了更具体的问题情境。学科教育注重实践应用，通过实际问题的解决培养学生的实际操作能力。思政教育可以借鉴这一特点，引导学生通过学科知识解决实际社会问题，使他们更深刻地理解社会伦理和道德规范。学科教育的深入学习为思政教育提供了更有实质性的内容。通过学科专业性知识的具体案例、深层次内容以及实际问题情境的引导，思政教育得以更全面地引导学生深入思考社会伦理、道德等方面的问题，使其对社会的认知更加深刻和具体。这种有机融合的关系不仅丰富了思政教育的内容，也使学科教育更具社会关怀和引导学生实际解决问题的能力。

在思政教育与学科教育的互动关系中，两者相互渗透、相辅相成，使学生在学科知识的同时，也能够更全面地培养思想观念、社会责任感等方面的素养。这种互动关系为培养具有高度综合素养的学生提供了有益的教育环境。

三、思政教育的渗透和贯穿

思政教育不是一个孤立的单元，而是贯穿在各类学科教育中。它通过学科的具体内容，通过对案例、问题的解析，透露出思政教育的理念和观点。在学科教育中，思政教育的理念通过点滴的渗透，潜移默化地影响着学生的思想观念和人生态度。

（一）思政教育理念的渗透

思政教育的理念在各类学科教育中以点滴的渗透方式得以体现。这体现在教材中对相关案例和问题的选择，以及对学科知识的解读。在自然科学领域，通过介绍环境保护、科技伦理等问题，引导学生思考科技发展对社会的影响，使学科知识融入到社会责任和伦理关切中。思政教育的理念在教材中通过案例和问题的选择得以渗透。在各个学科的教材编写中，可以有意识地选择与社会伦理、价值观等相关的案例和问题。以自然科学为例，通过引入环境保护方面的案例，如气候变化、生态平衡等问题，教材能够引导学生深入思考科技发展对自然环境和社会的影响。这种案例的选择使学科知识不仅仅是冷冰冰的理论，更与社会问题紧密相连，激发学生对社会责任的认识。教材对学科知识的解读不仅仅关注其理论层面，更注重将其置于社会背景中进行解读。在自然科学教育中，可以对科技发展的历史进行追溯，突显科技进步对社会的推动力。这样的解读使学科知识更具有社会关联性，引导学生深刻理解科技发展背后的伦理和社会责任。思政教育的理念还可以通过交叉学科的方式得以渗透。在学科教育中，可以引入其他学科的知识，促使学生形成更为全面的视角。例如，在自然科学中融入社会学的观点，让学生理解科技发展如何影响社会结构和人的行为。这样的交叉学科教学使学生能够更好地理解学科知识在社会中的应用和影响，培养他们的跨学科思维能力。思政教育的理念通过点滴的渗透方式贯穿在各类学科教育中。通过教材中案例和问题的选择、对学科知识的解读以及交叉学科的引入，思政教育在学科教育中渗透出对社会责任、伦理关切的引导，使学生能够更全面地认识学科知识的深层含义。这种渗透方式旨在培养学生在学科学习中更加注重社会责任和伦理价值的思考。

(二) 案例和问题的解析

案例和问题的解析在思政教育中具有深远的意义。通过深入剖析特定案例，学生能够更好地理解抽象的思政概念，并在具体问题中运用这些概念。这种方法不仅有助于学生树立正确的价值观，还能培养他们对社会的责任感。以社会热点问题为例，比如贫富差距。我们可以选择一个具体案例，例如某地区贫困人口的日常生活。通过深入挖掘这一案例，学生能够感受到贫富差距对个体生活的直接影响。这种亲身感受有助于激发学生对社会问题的关注，从而引导他们思考如何通过个人努力和社会改革来减缓这种差距。在分析案例的过程中，引导学生思考问题的根本原因。例如，贫富差距问题可能涉及到政治、经济、文化等多个层面。通过深入解析，学生能够理解问题的复杂性，从而更好地把握思政教育的全局观。此外，通过问题解析，学生还能够培养批判性思维，不仅看到问题表面现象，更能够挖掘问题的深层次原因。在解析案例和问题的过程中，引导学生从思政的角度出发。这要求他们关注人文关怀、社会公正等核心思想，而不仅仅停留在经济效益或个体利益的层面。通过这种方式，学生能够培养出超越狭隘利己主义的思考模式，更好地理解和践行社会主义核心价值观。案例和问题的解析是思政教育中一种高效的教学手段。通过具体案例的深度挖掘和问题的全面解析，学生能够更全面、深入地理解思政概念，并在实际问题中灵活运用这些概念。这种培养方式不仅有助于学生的学科发展，更能够引导他们养成正确的价值观和强烈的社会责任感。

(三) 引导学生深刻思考社会和人生问题

深刻思考社会和人生问题是思政教育的一项重要任务。通过在学科教育中引导学生思考伦理、社会责任等方面的问题，我们能够在学科学习中注入更多的深度和广度，使学生更好地理解和应用所学知识。在引导学生深刻思考社会问题时，可以选择与其所学学科相关的现实问题。例如，在学习经济学的过程中，可以引导学生思考贫富差距、社会不平等等问题。通过这样的引导，学生能够将学科知识与实际社会问题相结合，深刻认识到学科背后蕴含的社会影响，从而更全面地理解学科的内涵。引导学生深刻思考人生问题也是思政教育的一项重要任务。人生问题涉及到生命的意义、价值取向等方面，这正是思政教育需要关注的核心内容。在学科教育中，可以通过提出关于职业选择、人生规划等问题，引导学生从更深层次的角度去思考自己的人生方向。这样的思考不仅有助于学生更好地规划自己的未来，还能够促使他们对自身的成长和发展有更为深刻的认识。在引导学生思考伦理和社会责任时，教育者可以通过案例分析的方式，让学生面对真实的社会问题，从中发现伦理和社会责任的关键点。这样的引导有助于培养学生对社会问题的敏感性，使他们能够更理性、更全面地看待社会现象，培养他们的社会责任感和批判性思维。引导学生深刻思考社会和人生问题是思政教育不可或缺的一环。通过在学科教育中融入这样的思考，可以使学生更好地理解学科知识的深层次内涵，同时培养他们对社会和人生的深刻思考能力。这种思考方式有助于学生更全面地认识自我、理解社会，从而在成长过程中形成积极向上的人生观和价值观。

（四）潜移默化地影响学生思想观念和人生态度

思政教育的潜移默化影响体现在教育者的言传身教和问题引导中。教师的言传身教是一种强有力的影响因素。在教学过程中，教师的言辞、语气、表达方式都在无形中传递出一种人生观和价值观。通过对学科知识的解释和阐述，教师不仅传递着纯粹的学科内容，更潜移默化地传达着对真理、正义、美好的追求。例如，在讲解文学作品时，教师可以强调作品中的人性光辉和对社会的责任感，引导学生对美好价值的思考。问题的引导也是思政教育潜移默化的途径。通过设计引导性的问题，教师能够引导学生在学科学习中思考与伦理、社会责任等方面相关的问题。这种引导不是直接灌输，而是通过问题的设置，引发学生对于人生、社会的深刻思考。例如，在学习科学课程时，提出科技发展对环境的影响，引导学生思考科技创新与可持续发展之间的关系。这样的问题引导有助于培养学生的批判性思维，使他们在学科知识中看到更广阔的人文关怀。教师通过对学科知识的解读，可以渗透思政教育的理念。例如，在教学历史时，强调历史人物的背后动机和对社会的影响，让学生更深刻地理解人物行为背后的伦理取向。这种方式不仅丰富了学科内涵，也在潜移默化中引导学生形成正确的人生态度。思政教育通过潜移默化的方式在学科教育中产生深刻的影响。通过言传身教、问题引导以及对学科知识的解读，教育者能够在学生的思维方式和价值观念中潜移默化地铺设道德、伦理的基石，使其在学科学习中不仅获取知识，更培养正确的人生观和价值观。这种渗透式的思政教育为学生全面发展提供了内在的动力和指引。通过思政教育的渗透和贯穿，学生在学科教育中不仅仅获得了专业知识，更在潜移默化中形成了正确的思想观念和积极向上的人生态度。这种整体性的教育有助于培养更全面、有社会责任感的综合型人才。

四、思政教育对学科素养的促进

思政教育在引导学生正确的思想观念的同时，也为学科素养的培养提供了有力支持。通过培养学生的社会责任感、创新精神等方面的素养，思政教育使学生更好地适应学科知识的学习，提高他们在学科领域的综合素养。

（一）培养社会责任感

思政教育的首要任务之一是培养学生的社会责任感，使其在学科学习中融入更多的担当精神和使命感。学科素养不仅仅是对专业知识的掌握，更应当体现为学生对社会的责任感和对知识运用的深刻理解。在思政教育的引导下，学生能够更加清晰地认识到学科知识的背后承载着社会责任。例如，在学习环境科学时，思政教育可以引导学生深刻思考人类活动对环境的影响，并激发他们关注环保、可持续发展等社会议题的热情。这样的引导不仅使学生意识到学科知识的社会价值，更激发了他们在环境领域中发挥积极作用的动力。思政教育还能够引导学生将社会责任融入到学科领域内。在学科教学中，可以通过案例分析、问题解析等方式，让学生思考在特定的学科背景下，如何更好地为社会做出贡献。例如，在教学医学课程时，思政教育可以引导学生思考医学伦理、患者权益保护等问题，使其在学科学习中始终保持对患者和社会的责任感。思政教育还能够培养学生在学科领域中更注重社会效益。通过潜移默化的方式，教育者可以通过案例、讨论等形式，让学生认识到专业知识的运用应当服务于社会的发展和进步。在经济学课程中，思政教育可以引导学生思考企业的社会责任，激励他们在经济活动中更注重社会的可持续发展。思政教育通过培养学生的社会责任感，使其在学科学习中具备更强的社会担当。这种教育不仅让学生更加深入地理解学科知识的社会价值，更促使他们在专业领域内贡献自己的力量，为社会的发展和进步作出积极贡献。社会责任感的培养不仅仅是教育的目标，更是为学生塑造积极向上的人生态度和价值观的关键一环。

（二）培养创新精神

思政教育的关键任务之一是培养学生的创新精神，这是一种具有独立思考和探索未知的能力，不仅仅涉及到学科知识的深度应用，更包括对问题的独特见解和新颖解决方案的构建。通过激发学生的创新意识，思政教育使他们在学科学习中更具有解决问题的创造性思维。思政教育通过引导学生主动思考问题，培养他们的独立思考能力。在学科教学中，可以设计开放性问题，鼓励学生通过自主研究和思考来寻找答案。例如，在化学课程中，可以引导学生思考某一化学反应的机制，促使他们深入探讨背后的原理，激发对新的实验方法或材料的兴趣。思政教育通过提供创新性的学习环境，培养学生的创造力。这可以通过项目制学习、实验设计等方式实现。在工程学科中，思政教育可以鼓励学生进行实际工程项目的设计，让他们面对真实世界的问题，锻炼解决问题的能力，培养创新精神。思政教育还可以通过案例教学，展示一些成功的创新经验，激发学生的学科探索热情。通过了解先驱人物在解决问题或创造性领域的经历，学生可以更好地理解创新的本质，鼓励他们尝试自己的独特观点和新颖方案。思政教育通过培养学生的创新精神，使其在学科学习中更富有探索和创造的能力。这种创新精神不仅有助于学生更好地掌握学科知识，还为他们未来面对未知问题时提供了更灵活、更独立的解决方案。创新精神的培养不仅是思政教育的目标，更是为学生未来发展提供的重要支持。在面对复杂多变的社会和科技环境中，培养创新精神的学生将更有可能取得卓越的成就。

（三）培养团队协作能力

思政教育在培养学生团队协作能力方面具有深远的意义。团队协作能力不仅仅是在学科领域中成功的关键，更是培养学生为社会做出积极贡献的重要素质。思政教育通过凸显集体主义和团队协作的价值观，使学生在学科学习中更能够积极参与合作，共同实现共赢。思政教育通过强调团队协作的价值观，激发学生的合作热情。在学科教学中，可以通过案例分析、小组讨论等方式，让学生了解团队协作的重要性。例如，在管理学课程中，思政教育可以引导学生分析企业成功的案例，强调团队合作对于企业创新和发展的不可或缺的作用，从而激发学生在学科领域内更加积极地参与团队协作。思政教育通过在学科项目中设置合作任务，培养学生的团队协作能力。在工程或实验项目中，可以设置需要团队协作完成的任务，让学生在实际操作中体验到团队协作的重要性。这种实践性的学习方式有助于培养学生在面对复杂问题时能够有效协作、协同创新的意识。思政教育还能够通过培养学生的沟通和交流能力，促进团队协作的顺畅进行。在学科教学中，可以通过课堂讨论、展示报告等方式，锻炼学生清晰表达自己观点、理解他人观点的能力。这种沟通和交流的培养有助于消除团队合作中的误解，促使学生更好地理解和支持彼此，推动团队目标的实现。政教育通过培养学生的团队协作能力，使其在学科学习中更具合作精神。这种能力不仅使学生在团队中更为融洽地协作，更培养了他们在未来工作和生活中具备团队协作的能力。在现代社会，团队协作已经成为成功的关键之一，因此，思政教育在培养学生团队协作能力上发挥着至关重要的作用。

（四）培养批判性思维

培养学生的批判性思维是思想政治教育的一项关键任务。这并非仅仅是灌输知识，而更是在学科学习中培养学生具备独立思考和判断问题的能力。学科素养的内涵不仅仅限于对知识的被动接收，更包括对知识的主动探究和质疑。思政教育在这一过程中的角色是引导学生形成善于思考和质疑的思维方式。它致力于打破传统的教育方式，激发学生的学科兴趣，并培养他们对知识的追求欲望。通过引导学生对所学知识进行深入思考和质疑，思政教育使学生不仅仅停留在知识表面，更能够深入挖掘知识的内涵和意义。在学科领域内，批判性思维是学生独立分析和解决问题的核心能力。思政教育通过激发学生的批判性思维，使他们在面对问题时能够超越简单的记忆和重复，而是通过深刻的思考去理解问题的本质。这种思维方式使学生能够更全面地看待问题，发现问题背后的深层次原因，并提出富有见地的解决方案。在培养批判性思维的过程中，思政教育还注重培养学生的独立性。通过让学生参与讨论、开展研究等活动，思政教育激发了学生对问题独立思考的能力。这种独立性不仅仅表现在学科领域，更渗透到学生日常生活和社会实践中。学生在学习和生活中形成的独立思考的能力，使他们在面对未知和复杂的情境时能够更加从容应对。培养学生的批判性思维是思想政治教育的一项重要任务。通过引导学生善于思考和质疑，在学科学习中培养其独立分析和解决问题的能力，思政教育为学生的全面发展和未来的发展奠定了坚实的基础。通过思政教育对学科素养的促进，学生在学科学习中不仅能够获得专业知识，更能够培养出具备社会责任感、创新精神、团队协作和批判性思维等素养，使其更全面地适应社会的发展和变化。

五、学科教育对思政教育的具体实践

学科教育在具体的实践中也能为思政教育提供支持。通过学科实践、科研活动等形式，学生能够更深刻地理解社会问题，增强对社会现象的敏感性，为思政教育提供实际案例和经验，丰富思政教育的内涵。

（一）学科实践的融入

学科教育的有效性在很大程度上取决于其是否能将实践融入到课程中。这种融合不仅仅是为了丰富教学形式，更是为了让学生在学科知识的实际应用中获得深刻的理解和实践技能的培养。在地理学科中，实践融入的方式多种多样，其中实地考察是一种极为有效的手段。通过组织地理实地考察，学生得以亲身感受地理学原理在实际环境中的运作。这种直观的体验不仅使抽象的理论知识变得更加具体，同时也激发了学生对地理学科的浓厚兴趣。例如，通过实地考察，学生可以深入了解地形、气候等地理现象，从而更好地理解地球的运行规律。实验也是学科实践的一种重要形式。在地理学科中，可以通过模拟气候变化、地质构造等实验，让学生在探究问题的过程中动手操作，从而将理论知识转化为实际操作能力。这种实验性学习不仅培养了学生的实际动手能力，更加深了他们对地理学科的理解。除此之外，模拟操作也是实践融入的一种形式。在地理学科中，可以通过地图模拟、地理信息系统（GIS）操作等方式，让学生在虚拟环境中进行地理问题的解决。这种模拟操作既能够培养学生的操作技能，又能够提高他们对地理学科的实际运用能力。通过实践融入学科教育，学生在参与实际应用的过程中不仅仅是被动接受知识，更是在实践中主动探究和运用知识。这种学科实践的融入不仅仅有助于学生对地理学科知识的深入理解，还培养了他们解决实际问题的能力，为其未来的职业发展奠定了实际基础。

（二）科研项目的推动

学科教育的推动力之一在于鼓励学生积极参与科研项目，这不仅是为了培养学生的研究能力，更是为了激发他们的创新思维。学科教育通过科研项目的推动，为学生提供了更广阔的学科视野，使其在实际科研活动中能够深入研究学科问题。在化学学科中，例如，学生参与某一化学反应机制的研究不仅要求他们深入理解理论知识，更需要运用实际操作来验证假设。这种实践性的科研活动使学生在解决具体问题的过程中，培养了实际操作技能和科学思维。科研项目的参与也使学生深入了解相关学科的前沿问题。通过与导师和团队的合作，学生能够接触到学科领域内最新的研究进展，了解科学问题的复杂性和多样性。这种接触不仅提高了学生的专业素养，更为其未来的学科发展提供了坚实的基础。学生参与科研项目还能够为思政教育提供丰富的实际案例。在化学学科中，通过研究某一化学反应机制，学生可能涉及到与社会相关的环境问题。这种关联使得学生在科研活动中不仅仅是解决学科问题，同时也能够思考科研活动对社会的意义和影响，培养了学生的社会责任感。通过推动学生参与科研项目，学科教育在培养学生研究能力和创新思维方面发挥了积极的作用。这种实践性的学科教育不仅提高了学生的专业素养，也为其未来的职业发展和社会参与奠定了坚实的基础。

(三) 社会调查与实地考察

学科教育的另一推动力是引导学生进行社会调查与实地考察,通过直接接触社会现象,使学生更深入地了解社会问题。这种实践性的活动不仅为思政教育提供了实际案例,同时也激发了学生对社会责任的认识和关注。社会调查与实地考察是学科教育中一种有效的教学手段。在社会学科中,例如,学生可以选择关注某一社会群体的生活状况,通过实地走访、采访等方式了解社会问题。这样的实践活动使学生能够亲身感受社会现象,从而更好地理解学科知识的实际应用。通过与真实社会相结合,学生的学科学习不再停留在纸面上,而是深入到社会的实际场景中,有助于提高学生的实际解决问题的能力。社会调查与实地考察也为思政教育提供了丰富的实际案例。通过深入社会,学生能够亲眼目睹社会现象,感受社会问题的紧迫性和复杂性。这种亲身经历不仅使学生更具有社会责任感,也为思政教育提供了更具说服力的案例,使抽象的道德观念更加具体化。通过社会调查与实地考察,学科教育在培养学生的实际应用能力的同时,也激发了他们对社会问题的认识和关注。这种实践性的学科教育使学生不仅仅是知其然,更能知其所以然,为其未来的社会参与和责任担当打下了坚实的基础。

(四) 跨学科项目的促进

学科教育的又一创新点在于推动跨学科合作项目,通过不同学科的知识相互交融,丰富学科教育的内容,增加其综合性。跨学科项目为学生提供了接触多元知识体系的机会,使他们更全面地理解社会问题,为思政教育提供了更为丰富和综合的素材。在跨学科项目中,学生不仅能够深入学习本专业知识,还能够了解其他学科的内容。例如,物理学科与环境科学学科的合作项目可以探讨可持续发展的问题。在这个项目中,学生不仅涉及到物理学原理,还需要关注社会环境问题。这种综合性的学科合作使学生能够从不同学科的角度审视同一个问题,拓宽了他们的学科视野。跨学科项目的推动不仅仅为学科教育增加了综合性，同时也为思政教育提供了更为丰富的素材。通过涉足不同学科领域，学生能够更好地理解社会问题的复杂性和多层次性。这种跨学科的综合性教学不仅培养了学生的专业素养，还加强了他们的综合分析和解决问题的能力。跨学科项目的推动也促进了学科之间的交流与合作。学科的相互交融不仅丰富了学科教育的内容，还为学生提供了更广泛的学科资源。通过团队合作，学生不仅学到了跨学科的知识，还培养了协作和沟通的能力，为其未来的职业发展和社会参与打下了坚实的基础。跨学科项目的推动是学科教育的一项创新，为学生提供了更为综合和多元的学科体验。这种综合性的学科教育不仅满足了学生对知识的多样需求，也为思政教育提供了更为丰富和深刻的素材，为学生的全面发展奠定了坚实的基础。

第三节 当代高校思政教育理论体系

一、理论体系的基石——马克思主义基本原理

（一）思政教育的哲学基础

马克思主义基本原理是当代高校思政教育理论体系的基石，为思政教育构建了坚实的哲学基础。这一层次的理论体系强调马克思主义的辩证唯物主义和历史唯物主义原理，为思政教育提供了世界观和方法论的基础支持。辩证唯物主义强调对事物发展和变化的辩证看待，要求人们超越表面现象，深入理解事物内在的矛盾和运动规律。这一原理在思政教育中具有重要作用，因为它培养了学生的辩证思维和独立分析问题的能力。学生通过深入学习辩证唯物主义，不仅能够看到事物的现象，更能理解其中的本质矛盾，使其具备全面理解和独立思考问题的能力。历史唯物主义强调社会发展的历史规律，强调经济基础和上层建筑之间的相互关系。在思政教育中，这一原理引导学生深入理解社会发展的历史进程，认识到社会结构和制度的演变，从而更好地把握社会问题的本质。学生通过对历史唯物主义的学习，能够对社会问题有更深入的洞察，形成

较为全面的社会观。马克思主义基本原理还强调实践是认识的来源，强调理论与实践的统一。这为思政教育提供了深刻的方法论基础。学生通过实践性学习，能够将理论知识与实际问题相结合，形成对问题的更加深刻和实际的理解。这种理论与实践相结合的方法论为学生的综合素养培养提供了有力支持。马克思主义基本原理构建了当代高校思政教育的哲学基础，通过强调辩证唯物主义、历史唯物主义和实践统一的原理，为学生提供了正确的世界观和方法论，为思政教育的深入推进提供了理论上的支持。这一理论基石使思政教育更具有深度和广度，培养学生的独立思考和全面发展。

（二）社会主义理论体系的奠基

社会主义理论体系的学习使学生深刻理解社会主义的本质，认识到社会主义是马克思主义在中国的实践。这意味着不仅要理解社会主义的理论构建，更要了解其在中国的历史和现实应用。通过对社会主义的学习，学生能够全面把握社会主义的基本原则，例如公有制、社会主义道路等，使其形成对社会主义本质的深刻认识，超越表面认知，理解社会主义在中国大地的具体实践。社会主义理论体系的奠基进一步加强了对社会主义发展方向的认识。通过学习社会主义的基本原则，学生能够更好地理解社会主义的发展目标和方向，包括实现共同富裕、建设社会主义现代化、推动国际共产主义等。这为学生树立正确的价值观、人生观和世界观提供了坚实的理论基础。在社会主义理论体系中，强调社会主义与马克思主义的有机结合。这意味着在社会主义实践中，要根据具体国情，不断丰富和发展马克思主义理论，实现理论与实践的紧密结合。学生通过对这一层次的学习，能够更好地理解社会主义的本土化实践，从而形成对社会主义的更加全面和深入的认知。社会主义理论体系的奠基是当代高校思政教育理论体系中的重要组成部分。通过对社会主义理论的深入学习，学生能够更好地理解社会主义的本质、发展方向，以及其与马克思主义的有机结合。这为学生形成正确的政治立场和世界观提供了理论支持，使其在今后的社会实践中更具有深刻的思想基础。

(三) 马克思主义在中国的发展与拓展

通过对中国特色社会主义的理论体系的学习，学生得以深入了解社会主义在中国的发展历程。这一理论体系是对传统社会主义理论的拓展和发展，为学生提供了对社会主义发展历程的深刻认知，使其具备更为全面的思政教育素养。中国特色社会主义理论体系的学习强调社会主义在中国的具体实践。通过深入研究这一理论体系，学生能够理解中国特有的社会背景、历史传统和文化特色对社会主义实践的影响。这种理论体系的拓展使学生超越简单的理论模型，更好地理解社会主义在中国的现实应用，为其形成对社会主义的深刻认识提供了理论基础。中国特色社会主义理论体系对马克思主义原理进行了创新和发展。学生通过学习这一层次的理论，能够深刻理解中国特色社会主义的本质和特点。这种对马克思主义的创新使学生能够更好地把握中国社会主义建设的实际问题，形成对社会主义的更为全面和深刻的理解。中国特色社会主义理论体系还强调了经济建设、政治建设、文化建设的全面发展。学生通过学习这一理论，能够认识到社会主义建设不仅仅是经济层面的发展，还包括了政治和文化的全面建设。这使学生能够形成对社会主义全面发展的理论观点，超越了对社会主义单一方面的理解，更好地为未来的社会建设提供了理论指导。通过对中国特色社会主义的理论体系的学习，学生能够深入了解社会主义在中国的发展历程，认识到其是对传统社会主义理论的拓展和发展。

(四) 思政教育实践的方法论

马克思主义基本原理为高校思政教育提供了实践的方法论，强调将抽象的理论原理转化为具体的思政教育实践，通过实际的教育活动使学生真正理解和应用马克思主义基本原理。这一层次的思政教育实践方法论不仅注重理论的传授，更注重在实践中培养学生的思考能力、实际应用能力以及正确的人生观和价值观。实践方法论强调通过具体的思政教育实践活动使学生深刻理解马克思主义基本原理。这包括组织学生参与社会实践、社区服务、志愿活动等，使他们亲身感受社会现象，理解理论知识在实际生活中的应用。通过实际实践，学生能够将抽象的理论变成对社会问题的深刻认识，形成对马克思主义基本原理的实际理解。实践方法论注重在实践中培养学生的思考和分析能力。通过组织辩论、论文写作、团队项目等实践活动，学生能够在实际问题中运用马克思主义基本原理进行深入思考和分析。这种实践中的思辨能力培养使学生超越书本知识，真正理解并灵活运用马克思主义基本原理。实践方法论注重在实践中引导学生形成正确的人生观和价值观。通过组织社会实践、社区服务等活动，学生能够亲身体验社会责任和社会关怀，逐渐形成积极向上的人生观和价值观。这样的实践活动不仅是对理论的应用，更是对学生整体素养的培养。马克思主义基本原理为高校思政教育提供了实践的方法论，通过实际的思政教育实践活动，学生能够将理论知识融入实际行动中，形成对马克思主义基本原理的深入理解与领悟。这一实践方法论不仅培养了学生的实际应用能力，更为他们的全面发展提供了坚实的基础。

二、理论体系的引领方向——社会主义核心价值观

（一）核心理念的概念阐释

社会主义核心价值观作为理论体系的引领方向，其核心理念包括富强、民主、文明、和谐、自由、平等、公正、法治、爱国、敬业、诚信、友善这12个方面。这些核心理念代表了社会主义制度所追求的基本价值目标，通过对这些概念的深入阐释，学生能够建立起正确的价值观，为思政教育的实施提供了理论基础。富强体现了国家的整体实力和综合素质，包括经济富强和国防富强。这一核心理念强调了国家繁荣昌盛、人民富足安康的目标，使学生明确了社会主义追求的整体富强的理念。民主强调人民在国家政治生活中的广泛参与和权利保障。这一理念体现了社会主义民主制度的优势，使学生认识到在社会主义国家，人民有权利有能力参与国家事务的决策过程。文明核心理念强调文明进步，包括思想文明、科技文明、社会文明等多个方面。学生通过对这一理念的理解，能够认识到社会主义追求的是全方位、多层次的文明发展。和谐体现了社会关系的和谐与稳定，包括人际和谐、家庭和谐、社会和谐等层面。学生通

过对这一核心理念的理解，能够认识到社会主义追求的是人与人之间和谐相处、社会内外和谐共生的目标。自由核心理念体现了个体的自由权利，包括言论自由、信仰自由、个人发展自由等。学生通过对这一理念的深入认识，能够理解社会主义注重个体的自由权利保障，以及如何在社会主义框架下实现自由。平等理念体现了社会主义对人民平等权利的追求，包括社会经济领域和法律面前的平等。学生通过对这一核心理念的理解，能够认识到社会主义对平等的强调，以及如何在社会主义制度下实现各方面的平等。公正核心理念体现了社会主义对社会公平正义的期望，包括司法公正、资源分配公正等。学生通过对这一理念的深入了解，能够认识到社会主义对公正的重视，以及如何在社会主义制度下实现公正。法治理念体现了社会主义对法律权威的追求，包括法治国家、法治政府、法治社会等多个层面。学生通过对这一核心理念的理解，能够认识到社会主义对法治的强调，以及如何在法治框架下实现国家和社会的良好运转。爱国核心理念强调对祖国的热爱和忠诚，包括对国家利益的维护和国家形象的提升。学生通过对这一理念的深入认识，能够形成对国家的深厚感情和责任心，为国家的繁荣稳定贡献力量。敬业理念体现了对工作的敬业精神和职业责任，包括对事业的热爱和对工作的专注。学生通过对这一核心理念的理解，能够形成对工作的积极态度和责任心，为个人事业和国家发展贡献力量。诚信核心理念体现了个体和组织在社会交往中应当遵循的道德规范，包括言而有信、守信用、信守承诺等。学生通过对这一理念的深入认识，能够形成对诚信的重视和遵循，促进社会关系的良好发展。友善核心理念强调了人与人之间的友好关系，包括亲情、友情、邻里关系等。学生通过对这一理念的理解，能够形成和谐的人际关系，推动社会形成友善的氛围。社会主义核心价值观的核心理念涵盖了富强、民主、文明、和谐、自由、平等、公正、法治、爱国、敬业、诚信、友善等12个方面，为学生树立正确的价值观提供了丰富的理论支持，为思政教育的深入开展奠定了坚实的基础。通过对这些核心理念的深入理解，学生能够在日常生活中形成正确的行为准则和价值取向，为其全面发展和社会责任的履行提供了指导。

（二）核心价值观与个体成长的关系

社会主义核心价值观与个体成长之间存在深刻的相互关系，不仅是一种社会理念，更是对个体成长的引导和规范。通过对核心价值观的学习，学生能够更好地理解自身的成长过程，并在这一过程中形成符合社会主义核心价值观的个人品质。核心价值观与个体成长的关系体现在对个体价值观的引导和规范。社会主义核心价值观提供了一套社会共同认可的价值导向，为个体提供了成长的道德基石。通过对核心价值观的学习，学生能够理解到社会对于人的期望，形成正确的行为准则和价值取向，从而在个体成长过程中注重社会责任感、团结友善等品质的培养。核心价值观与个体成长的关系表现在对社会认同感的形成。通过学习社会主义核心价值观，个体能够认知到自身的成长与社会价值体系的关联。这种认知有助于形成对社会的认同感，使个体在成长过程中更加注重社会和谐、公正、法治等方面的价值体现，从而更好地融入社会，形成积极向上的发展方向。核心价值观与个体成长的关系还体现在对个体品格的塑造。社会主义核心价值观提倡的爱国、敬业、诚信、友善等理念，对个体的品格有着积极的引导作用。通过对这些核心理念的深入理解，个体能够在成长过程中注重塑造积极向上的品格，形成独立思考、努力奋斗、乐于助人的良好品德。核心价值观与个体成长的关系还体现在对自我认知和自我管理能力的培养。学生通过对核心价值观的学习，能够更加清晰地认知自己的优点和不足，理解自己在社会中的角色和责任。这种自我认知有助于个体更好地规划自己的成长路径，提高自我管理的能力，使其在实现个人价值的同时，也能够为社会作出更大的贡献。社会主义核心价值观与个体成长之间存在紧密的关联。通过对核心价值观的深入学习，学生能够更好地理解自身的成长过程，形成符合社会主义核心价值观的个人品质。这一关系不仅有助于个体的道德建设，更能够促使其在成长中形成积极向上的品格和正确的人生价值观。

（三）核心价值观在社会建设中的角色

核心价值观中的文明理念强调思想文明、科技文明、社会文明等多个方面，这有助于引导社会朝着更为文明、进步的方向发展。学生通过对这一理念的学习，能够认识到个体在追求个人价值的同时，也要为社会的文明进步贡献力量。社会主义核心价值观在社会建设中有助于形成和谐社会。和谐理念体现了社会关系的和谐与稳定，包括人际和谐、家庭和谐、社会和谐等层面。学生通过对和谐理念的理解，能够认识到社会主义追求的是人与人之间和谐相处、社会内外和谐共生的目标，从而在社会建设中注重构建和谐社会。社会主义核心价值观在社会建设中也起到培养社会责任感的作用。核心价值观中的爱国、敬业、诚信等理念，强调了个体在社会中的责任和担当。学生通过对这些核心理念的学习，能够形成对国家和社会的深厚感情和责任心，为社会建设贡献自己的力量。社会主义核心价值观在社会建设中发挥着引领和统一价值观、推动文明进步、促进和谐社会、培养社会责任感等积极作用。学生通过对这些核心价值观的学习，能够更好地理解社会建设的方向和目标，形成对社会责任的认识和积极的参与态度，为社会的繁荣和进步贡献自己的智慧和力量。

（四）核心价值观与国家发展的融合

社会主义核心价值观与国家发展融合体现在对国家富强的追求。核心价值观中的富强理念强调了国家整体实力和综合素质的提升，与国家追求经济繁荣、科技创新、国防富强的目标高度一致。学生通过对这一理念的学习，能够认识到自身的成长与国家的繁荣发展息息相关，形成对国家富强的积极支持态度。社会主义核心价值观与国家发展融合体现在对社会文明进步的共同期许。核心价值观中的文明理念强调了思想文明、科技文明、社会文明等多个方面，与国家建设先进文明社会的目标相一致。学生通过对这一理念的学习，能够认识到个体的文明素养与国家的整体文明水平息息相关，形成对国家文明进步的积极奉献态度。社会主义核心价值观与国家发展融合还表现在对社会和谐稳定的共同追求。核心价值观中的和谐理念体现了社会关系的和谐与稳定，与国家追求社会和谐、民族团结的目标相一致。学生通过对这一理念的学习，能够认识到个体的和谐相处与国家社会稳定发展密切相关，形成对国家和谐稳定的积极促进态度。社会主义核心价值观与国家发展融合还表现在对国家形象提升的共同努力。核心价值观中的"爱国"理念强调了对祖国的热爱和忠诚，与国家追求国际形象提升的目标相一致。学生通过对这一理念的学习，能够认识到个体的爱国情怀与国家形象的提升息息相关，形成对国家形象提升的积极支持态度。社会主义核心价值观在思政教育理论体系中的最上层与国家发展的融合体现在对国家富强、文明进步、社会和谐、国家形象提升的共同追求。学生通过对核心价值观的学习，能够更好地理解这些价值观与国家发展目标的一致性，形成对国家发展的积极参与态度，为国家的繁荣和进步贡献自己的智慧和力量。

三、理论体系的思想理念——中国特色社会主义理论体系

中国特色社会主义理论体系在思政教育中的核心思想是坚持和发展中国特色社会主义。这一理念强调在社会主义初级阶段，必须始终坚持中国共产党的领导，坚持中国特色社会主义制度。学生通过对这一核心思想的学习，能够深刻认识到我国社会主义事业的基本制度和领导地位，形成对社会主义初级阶段的正确理解。中国特色社会主义理论体系在思政教育中的重要理念是全面建设社会主义现代化国家。这一理念明确了我国社会主义现代化建设的总任务、总布局、总目标，强调经济建设、政治建设、文化建设的全面协调发展。学生通过对这一理念的学习，能够深刻认识到全面建设社会主义现代化国家是我国社会主义事业的总目标，形成对现代化建设各个方面的综合认识。中国特色社会主义理论体系在思政教育中强调坚持中国共产党的基本路线。这一理念指出在社会主义初级阶段，必须坚持党的基本路线，旗帜鲜明坚持四项基本原则，坚决反对和防止一切可能导致修正主义的行为。学生通过对这一理念的学习，能够深刻认识到中国共产党的基本路线对于社会主义事业的指导作用，形成对党的领导和党的基本路线的坚定信仰。中国特色社会主义理论体系在思政教育中注重培养社会主义核心价值观。这一理念明确了社会主义核心价值观的基本内容，强调培养全体公民拥护社会主义核心价值观，弘扬社会主义核心价值观的精神风貌。学生通过对这一理念的学习，能够深刻认识到社会主义核心价值观是社会主义事业的灵魂，形成对社会主义核心价值观的理解和信仰。

四、理论体系的培养目标——创新精神与实践能力

在当代高校思政教育理论体系的第四层，着重培养学生的创新精神和实践能力，旨在使学生在思政教育的过程中不仅能够具备创新的思维方式，还能够在实践中动手解决实际问题，全面提升其素养。创新精神的培养是思政教育理论体系的关键目标之一。创新精神的培养包括对学生进行多元化的知识学习，激发他们思考问题的多维角度，同时注重培养他们面对未知情境时灵活变通的能力，使其具备面对未来社会挑战的思维准备。实践能力的培养是该理论体系的重要内容。强调学生在实际问题中能够动手解决，并通过实践经验形成深刻的认识。实践能力的培养包括对学生进行实地考察、实验操作、社会实践等多方面的活动，使其在真实场景中学到知识、积累经验，提高解决实际问题的能力。这种实践导向的教育有助于学生将抽象的理论知识转化为实际行动的能力。培养目标还应注重学生团队协作和沟通能力的提升。现代社会更加强调团队协作和跨学科交流，而这些能力的培养正是创新精神和实践能力的体现。通过小组合作、项目研究等形式，学生能够在协同工作中提高沟通、合作和领导能力，培养团队协作的意识和实际操作能力。学生应当通过思政教育的引导，能够独立思考并解决社会、科技、文化等方面的问题。强调培养学生主动探究、勇于创新的品质，使其在面对各类问题时能够迅速做出科学合理的判断和决策。

五、理论体系的总目标——全面素质教育

在教育领域，理论体系的总目标——全面素质教育，旨在构建一个全面发展的教育体系，培养学生综合素质、创新能力和社会责任感。全面素质教育的总目标在于促进学生全面发展。传统教育往往过分注重学生的学科成绩，而忽视了学生的综合素质和个性发展。而全面素质教育强调的是人的全面发展，包括智力、情感、品德、身心等各个方面。通过多样化的教学内容和方法，培养学生的多方面能力和综合素质，使他们成为全面发展的人才。

在当今社会，创新能力已经成为人才培养的重要标志之一。全面素质教育通过开放式、探究式的教学方式，激发学生的创新意识和创造力，培养他们解

决问题、发现问题、创造问题的能力。通过开展科技创新、文化创作等活动，培养学生的创新意识和实践能力，为他们未来的创业和创新做好准备。

在现代社会，人们不仅仅需要具备一定的专业知识和技能，更需要具备良好的道德品质和社会责任感。全面素质教育通过开展社会实践、参与志愿服务等活动，引导学生关注社会问题，培养他们的社会责任感和公民意识。通过社会实践活动，学生能够深入了解社会的发展变化，增强对社会问题的认识，树立正确的价值观和人生观。

在知识爆炸的时代，学生需要具备不断学习和适应变化的能力。全面素质教育注重培养学生的自主学习和自我发展能力，使他们具备自我学习、自我管理、自我提升的能力。通过开展课外活动、实践实习等方式，激发学生的学习兴趣和求知欲望，培养他们的终身学习意识和自我成长意识，使他们成为具有终身学习能力的现代人。

第二章　思政教育的发展历程

第一节　我国高校思政教育的历史回顾

一、前现代时期的儒家思想渊源

（一）儒家思想在封建社会的主导地位

在中国封建社会，儒家思想占据了主导地位，对教育领域产生了深远的影响。这一时期，儒家经典成为教育的主要内容，学子通过对《论语》《大学》等经典的学习，接受传统文化的熏陶，培养了尊儒宗孔的伦理道德观念。儒家思想在封建社会的主导地位表现在教育体系的构建上。儒家经典被正式纳入学校的课程，成为学子们必修的内容。《论语》、《大学》等儒家经典不仅仅是学科，更是道德的教材，为青年学子提供了人生的指导原则。通过对这些经典的深入学习，学生们不仅仅获取了丰富的知识，更是培养了忠诚、孝顺、仁爱等传统价值观念，这对于社会的稳定和秩序的维护起到了积极的作用。儒家思想通过教育体系的渗透，深刻地影响了封建社会的文化氛围。儒家所倡导的仁爱、礼仪、忠诚等价值观成为社会风尚的主导，影响了人们的行为举止和相互关系。在儒家思想的引导下，社会形成了一种强调家族、尊卑有序的价值取向，这对于维护社会的和谐与稳定具有积极的意义。儒家思想还在教育中强调了家庭的重要性。儒家注重家庭伦理，认为家庭是社会的基本单位，家庭的和睦与稳定对于社会的发展至关重要。因此，儒家思想通过教育强调培养子女的孝道，强调尊敬长辈，维护家庭的和谐。这种观念对于社会的家庭结构和道德建设产生了深远的影响。儒家思想在封建社会的主导地位不仅在教育领域产生了深刻的影响，更在社会文化、家庭伦理等方面留下了重要的印记。儒家思想通过教育的传承，深刻地塑造了封建社会的价值观念和社会结构，为社会的发展和稳定奠定了坚实的基础。

（二）儒学的教育体系建构

儒学在封建社会中的教育体系建构是一项严密而深刻的工程，其核心体现在科举制度的实施以及儒学教育的普及。科举制度被建立为选拔政治和文化精英的主要途径，通过这一制度，儒学成为官方学科，为社会的发展奠定了坚实的思想基础。科举制度的实施使得儒学成为社会上层的主导思想。通过科举考试，优秀的儒学知识成为进入官场的敲门砖。这一选拔制度不仅推动了儒学的传播，也使儒学的教育得以系统地构建。儒学的经典如《论语》《大学》等成为考试的主要内容，学子们通过刻苦的学习，培养了对传统文化的深刻理解，形成了封建社会的精英文化。儒学教育的普及也是教育体系建构的关键。不仅有官方的宫庭学宫，还有私人家塾，为更广泛的学子提供了学习的机会。在这些学府中，儒学经典被传承和解读，学生们通过师长的引导逐渐领悟其中的哲理。这种教育方式强调师生之间的传承和互动，使得儒学思想更加深入人心。儒学的教育体系建构不仅仅是知识的传递，更是对于思想观念的深刻渗透。在这一体系中，强调忠君爱国、孝道仁爱等儒家伦理观念，使得学子们在学术的同时也培养了对社会责任的担当。这种教育体系使儒学成为塑造社会精英的重要工具，为封建社会的稳定和发展提供了有力的支持。儒学在封建社会中的教育体系建构是一项精心设计的系统工程，通过科举制度和广泛的教育普及，儒学思想深刻地渗透到社会的方方面面。这一体系不仅推动了知识的传承，更塑造了封建社会的文化格局，为社会的长期稳定奠定了坚实的思想基础。

（三）儒家思想对学子思想品质的塑造

儒家思想对学子思想品质的塑造具有深刻的影响，其核心理念体现在对德行和人格的高度重视上。儒家强调"修身齐家治国平天下"，在学子的思想品质塑造中，这一理念起到了至关重要的作用。儒家思想注重个体的内在修养。通过学习儒家经典，学子们深入领悟到"修身"的重要性。这并非仅仅是对外在行为的规范，更是对内心品质的磨砺。儒家思想鼓励个体通过不断自省，修正自身的缺点和错误，追求道德的完美。这种强调内在修养的理念使学子在学习的同时注重自身品质的提升，培养了自律和自省的习惯。儒家思想倡导了家庭伦理和社会责任的履行。在"齐家"这一理念下，儒家注重培养学子在家庭中的角色。孝道、父母关系的尊重成为儒家教育的重要内容，使学子们在成长过程中形成了家庭责任感。"治国平天下"强调了学子们在社会中的责任。通过理解儒家思想，学子们认识到自身应当肩负起对社会的贡献，关注公共利益，形成了积极的社会参与意识。儒家思想对学子人格的塑造还体现在对仁爱和忠诚观念的强调上。儒家倡导仁爱之道，强调个体之间的亲情、友情、社会责任等关系。这使得学子在与人相处时更加关注他人的需求和感受，培养了宽容和理解的品质。同时，忠君爱国的理念也激发了学子对国家的忠诚，使其在思想品质上形成了具有集体责任感的国民精神。儒家思想对学子思想品质的塑造在于注重德行和人格的培养。通过强调"修身齐家治国平天下"的理念，儒家使学子在学习的过程中不仅仅获得了丰富的知识，更在思想层面上形成了君子风范。这种思想品质的塑造对于个体的成长和社会的稳定都具有重要的意义。

（四）儒学的衰落与后续影响

儒学的衰落是伴随着封建社会的动荡和变革而逐渐发生的。随着时代的演进，新的思想观念和社会制度的兴起，儒学逐渐失去了其在教育和社会体制中的主导地位。然而，儒家思想所倡导的核心价值观念在后来的历史时期仍然对中国传统文化产生深远的影响。儒学的衰落与封建社会的解体密不可分。随着社会的变革，科举制度的废除以及西方现代思想的传入，儒学逐渐被挤压至边缘。新的知识体系和价值观念在社会中崭露头角，对儒学的传统体系形成了冲击。尤其是在近代，经历了战乱和外来文化的冲击，儒学的地位进一步下滑，许多传统的学府和学者也陷入困境。即便儒学在形式上衰落，其核心价值观念仍然在中国文化中留下深刻的烙印。儒学所强调的仁爱、忠孝、礼仪等传统道德观念,尽管不再是社会的主导思想,但在人们的行为准则和道德底线中仍然具有重要地位。这种传统的价值观念对中国社会的道德建设和文化传承产生了积极的影响。在思政教育方面,儒家思想的影响依然存在。虽然儒学在学术上可能不再是唯一的指导思想,但其所倡导的道德伦理观念仍然是培养学生的思想品质和社会责任感的重要内容。现代中国的思政课程中,仍会涉及儒家经典的学习,以启迪学生对传统文化的理解和继承。儒学的衰落标志着中国社会的历史性变革,然而,儒家思想所弘扬的价值观念在中国文化中仍然有着持久的影响。儒学的后续影响体现在对社会道德和思想教育的渗透,为中国文化的传承和发展留下了深远的痕迹。

二、近代启蒙与新思想的引入

(一) 洋务运动与西学东渐

近代启蒙时期,洋务运动标志着中国在面临外部压力的情况下,开始尝试引进西方的科学、技术和思想。这一运动在中国社会引发了一系列变革,使学子们逐渐接触到了西方的先进知识和思想,为后来的启蒙运动奠定了基础。洋务运动发端于 19 世纪中叶,当时中国面临着来自西方列强的侵略和经济侵掠。为了摆脱危机,清政府意识到必须引进西方的科技和军事技能。于是,洋务运动应运而生,旨在通过引进西方技术和制度来增强中国的实力。在这一运动的推动下,学子们开始涉足西方科学、技术和文化,迎来了一场深刻的变革。洋务运动使得学子们首次接触到西方的科学和技术成就。从军事到制造业,西方的先进技术为中国提供了新的发展路径。学子们纷纷学习西方的数学、物理、化学等自然科学,以及工程技术,这些知识的引入使得中国的科学水平得到了提升。同时,西方的军事技术也被引进,试图加强中国的国防实力。除了技术上的引进,洋务运动也带来了西方思想的渗透。学子们通过学习西方的政治体制、法律制度和文化观念,开始思考自己国家的现状和未来。西方启蒙思想的理念,如民主、平等、科学理性等,对中国社会产生了深远的影响。学子们开始反思传统观念,尝试从西方思想中汲取启示,为后来的思想解放和社会变革埋下了伏笔。洋务运动也面临着一系列挑战和问题。由于缺乏系统性和深度，技术引进和学术研究的成果相对有限。同时，洋务运动的推动主体以及对西方知识的理解存在局限，使得这场变革并未取得根本性的成功。然而，洋务运动为中国启蒙运动提供了重要的经验教训，为后来的维新运动和思想解放奠定了基础。

（二）戊戌变法与新式教育的推动

戊戌变法是中国近代启蒙的一次重要尝试，着眼于对新式教育的推动。在这一时期，变法者们试图改革传统的科举制度，引入西方的新式学制和教育理念，以期使学子们接触更为开明的思想，提高对新思想的接受能力。戊戌变法时期，变法者们对传统科举制度提出了挑战。他们认识到科举制度的弊端，尤其是在技术和军事方面的滞后，因此提出了改革的设想。新设立了自强学堂、北洋学堂等学校，引入了更为现代的学科体系，涉及自然科学、工学、军事学等领域，打破了传统文科至上的局面。变法者们着重推动新式学制和教育理念的引进。他们倡导实用主义，主张培养有用的人才。为此，引进了西方的教育模式，强调理论与实践相结合。新设立的学校以培养实用人才为目标，注重学生的实际动手能力和创新思维，使学子们不仅掌握理论知识，更能将知识应用于实际问题的解决。此外，戊戌变法还在思想上推动了学子对新思想的接受。通过引入西方先进的教材和学科，学子们逐渐接触到了现代的科学、哲学、政治等思想。这使得他们对传统观念进行了反思，更加开放地接受了新思想。变法者们试图通过教育的手段，培养出更具开明和创新精神的一代学子。戊戌变法最终未能成功，新式教育的推动也未能取得持久的效果。各种复杂的社会因素和政治压力最终导致了变法的失败。尽管如此，戊戌变法为中国教育的现代化奠定了基础，为后来的教育改革提供了经验教训。在新式学制和教育理念的推动下，学子们的教育水平和思想觉悟得到了一定程度的提高，为中国思想的解放和现代化进程埋下了种子。

（三）新文化运动与思想解放

新文化运动是近代思想解放的高潮，标志着学子们积极参与思想解放的运动。在这一时期，学子们敢于对传统观念提出质疑，呼吁民主、科学、民生，为思想解放奠定了理论基础，为新思想在高校中的传播创造了条件。新文化运动充满了对旧有观念的挑战和革新。学子们在这一运动中发起并参与了大量的辩论、讨论和社会运动，对封建礼教、儒家伦理进行了深刻的批判。他们呼吁废除封建主义，倡导个体的自由和平等，主张对科学、文学、艺术的全新认知。这种思想解放的风潮使得传统观念在中国社会受到了前所未有的冲击。在新文化运动中，学子们起到了推动思想解放的关键作用。他们在高校中组织起来，发表激进的言论，提出对传统文化的怀疑和反思。新文化运动在学校中产生了强大的影响力，学子们通过文学、杂志、演讲等形式，广泛传播了思想解放的理念，激发了更广泛的社会参与。新文化运动不仅是一场对传统观念的批判，更是一场思想解放的理论探索。学子们开始研究西方的先进思想，吸收马克思主义、民主制度等新概念。这使得中国的知识分子逐渐形成了对封建思想的坚定抵制，为后来的社会变革和现代化进程打下了理论基础。新文化运动也面临着一些困境和阻力。尽管在高校中取得了一定的成功，但由于社会各方面的阻力和压力，运动最终在政治和社会层面未能实现彻底的改变。然而，新文化运动为中国的思想解放打开了一扇大门，为后来的思想解放和社会变革创造了条件。这一时期的思想解放和理论探索，对于中国的现代化进程具有深远的影响。

(四) 西方思想对高校体制的改革影响

近代启蒙时期，西方思想对中国高校体制进行了深刻的改革，这一层次关注了思想解放的推动下，中国高校如何逐步接纳更为开明的教育理念，为后来的思政教育体系的建立提供了实践经验。西方思想的引入使得中国高校开始反思传统的封建教育体制。学子们受到启蒙思想的影响，开始要求更为自由和开放的学术环境。在这种背景下，高校逐渐进行了一系列的改革，包括课程设置、教学方法、学科体系等方面。学子们对自由思考的追求推动了教育体制的开放，使高校更注重培养学生的创新精神和批判思维。在课程设置方面，西方思想的引入使得高校的课程更加多元化。传统的文科至上的局面逐渐改变，自然科学、社会科学等多个领域开始得到更多关注。这样的变革使得学子们接触到更为广泛的知识，培养了综合素养和跨学科的思考能力。在教学方法上，西方思想的影响使得高校逐渐摒弃死记硬背的传统教学方式，更加注重启发式教学、实践性教学等方法。学子们不再仅仅是被动地接受知识，而是被鼓励主动参与、思考和创新。这一变革促使学生们培养了自主学习和团队协作的能力。在学科体系方面，引入了西方思想使得高校逐渐打破了传统学科的壁垒，形成了更为综合和交叉的学科体系。这有助于学子们在不同领域中形成更为全面的知识结构，激发了他们对多领域问题的关注和解决能力。近代启蒙时期西方思想对中国高校体制的改革产生了深远的影响。这一时期的改革为后来中国思政教育体系的建立提供了实践经验，使得高校教育更符合当时社会的需求，也为中国现代化进程中的人才培养奠定了基础。

三、毛泽东思想时期的塑造与实践

（一）毛泽东思想在高校思政教育的确立

在这一时期，高校明确将毛泽东思想作为培养学生社会主义观念和政治立场的指导思想，确立了毛泽东思想在中国高校思政教育中的重要地位。毛泽东思想在高校思政教育中的确立主要体现在课程设置和教学内容上。高校开始将毛泽东思想纳入到政治理论课程中，使其成为学生必修的重要内容。政治理论课成为培养学生社会主义观念、政治意识的主要渠道，通过对毛泽东思想的学习，学生被引导形成符合社会主义价值观的思想观念。毛泽东思想的确立也影响了高校的教育理念和管理体制。高校在组织和管理上逐渐强调党性教育，加强党组织对高校的领导。同时，高校注重培养学生的社会主义观念，强调学生的政治思想教育。毛泽东思想成为高校精神文明建设的核心内容，推动了高校教育体系向社会主义方向的调整。毛泽东思想在高校思政教育中的确立也表现为对师资队伍的培训和选拔。教育工作者需要具备对毛泽东思想的深刻理解，将其灌输给学生。高校开始加强对教师的政治理论培训，以确保教学内容的贯彻落实。这一过程使得毛泽东思想在高校中得以广泛传播，并深刻影响学生成长过程中的思想观念。毛泽东思想在高校思政教育中的确立是中国高校在一段历史时期内的重要特征。这一时期高校思政教育的体系建设和内容设置都受到了毛泽东思想的深刻影响，为培养符合社会主义价值观的新一代青年提供了理论基础。

（二）政治运动与思想教育的深入推进

政治运动不仅仅是理论宣讲，更是通过实际行动深刻影响学生的思想，注重培养学生的阶级觉悟和政治觉悟。政治运动的推动使得思政教育更加深入到学生的日常生活中。通过组织学生参与政治运动，如批判斗争和群众运动，高校将思政教育贯彻到实际行动中。这种实际参与不仅让学生在理论上接受教育，更使他们在实践中感受到政治运动的深刻意义，培养了学生的社会责任感和政治参与意识。思政教育在政治运动中注重培养学生的阶级觉悟。政治运动通常涉及到阶级斗争的问题，通过参与运动，学生深入理解社会阶级结构，认识到自身所处的阶级地位，形成对社会矛盾和斗争的敏感性。这有助于学生在日后的工作和生活中更好地适应社会环境，形成坚定的阶级立场。通过参与批判和斗争，学生深刻理解毛泽东思想的政治理念，形成对党的信仰和对社会主义制度的认同。这不仅是在理论上的灌输，更是通过实际经历形成的政治信仰，使学生真切地感受到毛泽东思想对中国社会的引领作用。过于激烈的运动可能导致学术自由受到限制，学术环境受到影响。一些政治运动在执行过程中也可能出现过度的清洗和打压，对学术界和知识分子造成一定的负面影响。毛泽东思想时期的高校思政教育在政治运动的推动下取得了深入推进的效果。通过实际行动，思政教育贯穿学生的学习和生活，注重培养学生的阶级觉悟和政治觉悟，为学生的社会参与和发展奠定了基础。

（三）社会主义核心价值观的形成

在这一时期，高校思政教育强调社会主义核心价值观对学生思想观念的引领作用，通过对核心价值观的学习，使学生逐渐形成正确的人生观和价值观。社会主义核心价值观的形成是在对毛泽东思想的继承和发展基础上的产物。在这一时期，社会主义核心价值观逐渐从毛泽东思想中提炼出来，成为中国社会主义文化的重要组成部分。这一核心价值观包括了爱国、富强、民主、文明、和谐、自由、平等、公正、法治、爱国主义、集体主义、社会主义等方面的基本理念，强调了人们在思想观念和行为规范上应当遵循的社会主义价值取向。在高校思政教育中，社会主义核心价值观被纳入教育体系，成为培养学生思想观念的重要内容。通过开设相关课程、组织主题教育活动，高校引导学生深入学习社会主义核心价值观，使其深刻理解和内化这一体系的基本理念。学生通过学习这一核心价值观，逐渐形成了对社会主义价值观的认同和信仰。社会主义核心价值观的形成也在高校思政教育中促进了学生的思想觉醒。通过对核心价值观的深入学习，学生开始审视自己的思想观念，认识到社会主义核心价值观对于中国社会的重要性。这有助于学生建立正确的人生观和价值观，使其更好地适应社会主义制度的发展需求。然而，社会主义核心价值观的形成也受到了一些争议。一些人认为其过于强调统一的社会主义价值取向，忽视了社会多元性和个体差异。此外，一些问题的处理可能涉及到政治意识形态的影响，引发一定的争议和讨论。

（四）高校思政教育模式的独具特色

高校思政教育模式的独具特色彰显着其在教育领域的重要地位和作用。高校思政教育模式注重融合创新，不断探索适合当代大学生发展的教育方式。传统的思政教育往往以课堂讲授为主，而现代高校思政教育更注重多元化的教学手段和形式。例如，采用案例教学、讨论课、互动讲座等方式，使学生更加主动参与，增强教学的针对性和实效性。

高校思政教育模式突出实践育人的理念，强调将学生的思想政治教育与社会实践相结合。通过开展社会实践活动、参与志愿服务等方式，让学生亲身感受社会的发展变化，增强社会责任感和使命感。这种实践育人的教育模式有助于培养学生的创新能力、团队合作精神和实践能力，使他们成为具有社会责任感和创新精神的新时代青年。

高校思政教育模式注重个性化发展，尊重和关注每一位学生的个性差异和发展需求。在教学过程中，教师注重关注学生的成长情况和心理变化，根据学生的特点和需求，设计个性化的教学方案和辅导措施。这种个性化发展的教育模式有助于激发学生的学习兴趣和动力，提高学习效果和满意度。高校思政教育模式强调跨学科融合，倡导跨学科的教学和研究。传统的思政教育往往局限于某一学科或领域，而现代高校思政教育更加注重跨学科的整合和交叉。通过引入跨学科的教学内容和研究项目，打破学科界限，拓展学生的知识视野，促进知识的综合性和深度性。

四、改革开放以来的发展与创新

（一）思政教育体制的改革与调整

改革开放以来，我国高校思政教育体制发生了深刻的调整。在这一历程中，高校思政教育的变革呼应了时代的需求，不断强调创新、全面发展和实践结合。体制调整的核心在于理论与实践的紧密结合。传统的思政教育往往以灌输为主，理论脱离实际，导致学生难以将所学知识应用于实践。改革后，高校思政教育将理论与实践相融合，注重培养学生解决实际问题的能力，使思政教育更加贴近社会生活，更具实效性。传统模式下，思政教育往往只注重对学生政治观念的灌输，而忽略了个体全面素质的培养。而在体制调整中，高校思政教育更加注重学生的全面发展，强调培养学生的创新能力、团队协作精神以及实践能力。这种体制的调整使得思政教育真正成为学生全面发展的重要支撑，有助于培养具有综合素养的高素质人才。高校思政教育体制的调整也倾向于更加关注学生的个性化需求。在过去，思政教育往往采用一刀切的方式，忽略了学生个体差异。而在体制调整中，高校思政教育更加注重因材施教，倡导个性化培养。这种调整使得思政教育更好地满足了学生多样化的需求，有助于激发学生的学习兴趣，提高学习效果。高校思政教育体制的调整是与时俱进的产物，体现了对新时代需求的积极回应。通过理论与实践的结合、全面发展的强调以及个性化培养的倡导，高校思政教育正朝着更加符合时代要求、更具实际效果的方向不断发展。这种体制的调整不仅有助于培养更具创新力和实践能力的人才，也为高校思政教育注入了新的活力。

(二) 思政教育理念的丰富与拓展

改革开放以来，思政教育理念经历了深刻的丰富与拓展。学者们在这一层次上，深入研究思政教育的理论体系，为教育内容的丰富提供了理论支持。首先，思政教育理念的丰富在于对创新意识的强调。传统思政教育过于注重传统观念的灌输，而在新时代，学者们开始关注培养学生的创新思维，强调培养学生在面对问题时能够灵活运用知识，勇于创新，这为思政教育注入了更为活力和前瞻性的元素。思政教育理念的拓展突显了对综合素质的追求。过去，思政教育往往侧重于政治观念的灌输，忽视了学生的全面素质培养。然而，在丰富与拓展的进程中，学者们开始强调培养学生的综合素质，包括但不限于创新能力、团队协作精神、沟通能力等。这种理念的拓展有助于使思政教育更加全面，为学生的未来发展提供了更为坚实的基础。思政教育理念的丰富体现在对实际问题解决能力的注重。传统思政教育往往停留在理论层面，学者们通过对理论的深入研究，逐渐认识到将理论与实际问题相结合的重要性。因此，在思政教育理念的丰富与拓展中，更加注重培养学生解决实际问题的能力，使思政教育更具有实用性和现实意义。思政教育理念的丰富与拓展是对传统教育理念的深刻反思和创新。通过对创新意识、综合素质和实际问题解决能力的强调，思政教育理念得以更好地适应当代社会的需求，为培养更加全面发展的人才提供了更为科学的指导。这一丰富与拓展的过程也为思政教育的未来发展提供了新的方向和动力。

(三) 多元教育模式的探索与实践

改革开放时期，我国高校积极探索多元化的思政教育模式，拓展了传统的课堂教学范式。在这一进程中，实践教育、社会实践、创新创业等方面得到了加强，为思政教育注入了更多实际生活的元素。多元教育模式的探索首先在于对实践教育的重视。传统的思政教育主要以理论灌输为主，而在多元模式的探索中，高校更加注重将理论知识与实践相结合。实践教育成为培养学生综合素质的有效途径，通过实际操作，学生能够更深刻地理解理论知识，提高问题解决能力，使思政教育更加贴近实际，更具有可操作性。社会实践在多元教育模式中扮演着重要角色。高校通过组织学生参与社会实践活动，使他们深入社会，亲身感受社会发展的脉搏。这种实践形式有助于拓展学生的视野，培养他们对社会问题的敏感性和责任感。社会实践的融入，使思政教育更富有社会关怀，有助于培养学生积极的社会参与意识。创新创业成为多元思政教育模式的一部分。高校通过创业课程、实践项目等形式，激发学生的创新创业精神。这种方式不仅培养了学生的实际操作能力，更加注重培养他们的创新意识和团队协作精神。创新创业教育的引入使得思政教育更富有活力，更符合当代社会对人才的需求。多元教育模式的探索使得思政教育更加立体、丰富。实践教育、社会实践、创新创业等方面的强化，使学生在思政教育中不仅能够获得丰富的理论知识，更能够培养实际操作能力和创新能力，更好地适应社会发展的需要。这种多元模式的实践，为培养具有全面素质的高素质人才提供了更为有效的途径。

（四）国际化视野与开放交流

改革开放以来，我国高校思政教育在国际化视野和开放交流方面迎来了显著的发展。这一层次的关注突显了随着国际交流的深入，高校思政教育开始融入国际先进理念，为学生提供更加广阔的视野，培养了更具国际竞争力的人才。在国际化视野的发展中，高校思政教育逐渐引入国际先进理念。通过与国外先进教育体系的交流与借鉴，高校思政教育得以更好地理解和应对全球性的挑战。国际化视野的拓展使得思政教育更具包容性和前瞻性，有助于培养具有全球胸怀的人才。开放交流成为推动思政教育发展的重要动力。高校通过与国外高校的合作、学术交流、学生互访等形式，加强了国际合作与交流。这种开放交流不仅为学生提供了更多的学术资源和学科深造的机会，也为他们提供了与国际同行互动的平台，培养了跨文化沟通与合作的能力。国际化视野和开放交流的发展使得高校思政教育更加贴近国际潮流。学生在国际化的环境中接触多元文化，不仅拓展了自身的国际视野，也增强了对全球事务的关注。这种发展势头有助于培养具有全球竞争力和国际影响力的人才，为我国高校思政教育走向国际化提供了有力支持。国际化视野与开放交流成为推动我国高校思政教育进一步发展的关键因素。通过引入国际先进理念、加强与国外高校的交流，高校思政教育能够更好地适应全球化的发展趋势，培养更具国际竞争力的人才，为推动我国高等教育事业的可持续发展注入了新的活力。

第二节　政治理论课程的建设与发展

一、政治理论课程理念与目标的明确

（一）明确课程的核心理念

在构建政治理论课程时，明确核心理念是为确保学生在学习过程中能够深入理解、准确把握主要思想观念而不可或缺的一环。这一核心理念的建立不仅关系到课程的整体框架，更直接塑造了学生对政治理论的认知和理解。对于政治理论课程的核心理念，强调马克思主义基本原理是至关重要的。马克思主义是一种理论体系，它深刻地分析了社会发展的根本规律，提出了历史唯物主义、辩证法等核心概念。通过强调马克思主义基本原理，政治理论课程得以为学生提供一种有力的思考工具，使其能够更深入地洞察社会的演变过程，理解阶级矛盾和社会变革的内在机制。社会主义核心价值观的强调在政治理论课程的核心理念中也占有重要地位。社会主义核心价值观是对社会发展目标和人类共同价值的集中表达，涵盖了富强、民主、文明、和谐、自由、平等、公正、法治、爱国、敬业、诚信、友善等方面。这一理念的突出有助于培养学生正确的人生观和价值观，引导他们在社会实践中积极投身，为社会的和谐与发展贡献力量。在核心理念的明确下，政治理论课程的设计需要更多关注实践性的教学内容。通过将马克思主义基本原理和社会主义核心价值观与实际社会问题相结合，使学生在学习中能够理论联系实际，深入思考社会现象背后的深层次原因，从而提高其独立思考和解决问题的能力。教学方法的选择也成为支持核心理念传递的关键因素。例如，引入案例分析、小组讨论等互动性强的教学方式，可以促

使学生在交流中更好地理解并内化核心理念，培养其分析问题和提出解决方案的能力。政治理论课程核心理念的明确是教学体系构建的基础，是塑造学生政治观念的关键一步。通过强调马克思主义基本原理和社会主义核心价值观，结合实际问题的深入剖析以及灵活多样的教学方法，政治理论课程能够更好地引导学生深入思考、形成独立见解，培养他们在复杂社会环境中具备的批判性思维和创新解决问题的能力。

（二）确立培养目标的层次结构

政治理论课程作为培养学生政治素养的关键环节，其培养目标的层次结构至关重要。政治是社会组织与权力运行的关键机制，培养学生深刻理解权力、国家、政府等核心概念，为日后深入研究奠定坚实基础。在此基础上，深入推进层次结构，培养学生具备批判性思维。他们需要审视不同政治理论的逻辑，理解其内在关联与差异，培养对政治理论的独立见解。此外，学生还应当具备对历史政治思潮的分析能力，以更好地理解政治理论的演进脉络。在培养学生深刻理解与批判性思维的基础上，更高一层次的目标是培养他们在复杂社会背景下运用政治理论进行问题解决的能力。这需要学生具备将理论知识与实际问题相结合的能力，能够灵活运用不同政治理论解析社会问题，形成独立见解，并提出可行性强的解决方案。进一步延伸，培养学生在国际政治舞台上具备较高竞争力。国际政治体系的变幻莫测要求学生具备全球化视野，理解不同国家、文化和政治制度之间的相互关系。学生需具备国际政治理论的深刻理解，并能够在国际舞台上运用这些理论解决全球性问题。政治理论课程培养的顶层目标是培养学生成为有社会责任感、具备领导力的政治精英。这不仅包括对理论的深刻理解，还需要学生在实践中能够负责任地运用政治理论，推动社会进步，促使公正与平等在社会中根深蒂固。在整个培养过程中，注重培养学生的创新精神和团队协作能力，使其能够在复杂多变的政治环境中灵活应对。通过这样的层次结构，政治理论课程不仅能够为学生提供深刻的理论思考，更能够培养他们在实际工作中具备全面的能力，成为具有国际竞争力的政治人才。

（三）与社会需求的对接

政治理论课程的设计应当密切关注社会的实际需求，以确保其培养的人才能够在复杂多变的社会环境中发挥积极作用。首先，理念上需要将社会变革的要求融入课程目标之中。政治理论作为社会变革的引导力量，必须具备应对时代变化的灵活性。课程理念需要强调理论与实践相结合，使学生在理论学习的同时能够理解并解决当代社会面临的复杂问题。在课程目标的设定上，要紧密关联社会需求，培养学生具备解决社会问题的实际能力。政治理论不应仅停留在抽象的理论层面，而是要能够指导学生深入分析当下社会问题，提出可行的解决方案。这要求培养学生的批判性思维和创新能力，使他们能够在实际中运用所学的政治理论进行实际操作。课程还应当强调与社会发展方向的契合，紧密追踪社会变革，及时调整课程内容。政治理论作为引导社会发展的智力支持，需要具备前瞻性，能够适应社会的发展趋势。通过不断更新课程内容，引入新的理论观念，确保政治理论课程与社会变革保持同步，使学生获得的知识更具实际应用价值。政治理论课程的培养目标也应当关注社会对多元化人才的需求。现代社会对政治人才的需求不仅仅停留在理论水平，更强调跨学科能力和综合素质。政治理论课程需要培养学生的跨学科思维，使其能够在不同领域中运用政治理论进行交叉融合，推动跨学科合作，解决复杂性问题。政治理论课程还应当注重培养学生的国际视野。随着全球化的深入发展，国际政治关系的错综复杂，要求政治理论培养出具有国际竞争力的人才。课程应当注重引导学生关注国际政治动态，理解不同文化与政治体系的差异，培养他们具备跨国思维的能力，为国际事务作出贡献。政治理论课程的理念和目标需要与社会需求相对接，以确保培养的人才具备适应社会变革的能力。理念上要强调理论与实践相结合，目标上要关注解决社会问题的实际能力，课程内容上要与社会发展趋势同步，培养出多元化、具有国际视野的高素质政治人才。这样的对接才能使政治理论课程更具实际意义，更好地满足社会对人才的需求。

（四）注重学生个体发展

政治理论课程最高层次的关注点在于学生个体的全面发展。这要求课程设计注重培养学生的自主学习能力,激发其内在动力,使其能够主动获取知识。政治理论作为一门涉及深刻思考和批判性思维的学科,应当引导学生不仅仅在课堂上接受知识,更要在课外主动深化学习,形成持续的学习习惯。政治理论不仅仅是对已有理论的传递,更应当鼓励学生对现有理论进行思辨,提出新的观点。通过开展研究性学习、课外拓展等方式,政治理论课程能够激发学生的创新潜力,使其在理论领域中能够做出有影响力的贡献。个体发展的关注还需要引导学生形成独立思考的习惯。政治理论课程应当远离死记硬背的传统教学方式,而是通过启发性问题、案例分析等方式,引导学生主动思考问题,培养他们对复杂问题的深度思考能力。这有助于学生建立对于政治问题的独立见解,提高其在实际问题中的解决能力。传统的考试制度可能难以全面评价学生的个体发展,政治理论课程应当探索多元化的评价方式,包括论文、项目、演讲等形式,以更全面地了解学生的学科素养和综合能力。政治理论课程注重学生个体发展,需培养学生的自主学习能力、创新能力,促使他们在课程学习中形成独立思考的习惯。这样的关注有助于培养具有自我驱动力的综合素质人才,使他们能够在未来的工作和生活中更好地适应和发展。

二、政治理论课程内容体系的构建与完善

(一) 马克思主义基本原理

在构建政治理论课程时,马克思主义基本原理的深入学习是至关重要的一环。这要求学生全面理解马克思主义的历史渊源、哲学基础和经济学原理,以形成系统的知识结构。学生需要对马克思主义的历史背景进行深入了解。这包括对19世纪工业革命、封建社会解体等社会历史事件的分析,以理解马克思主义理论的发端和发展。对于马克思、恩格斯等思想家的生平和思想成长背景的了解,有助于学生更好地理解马克思主义思想的形成过程。学生需要深入研究马克思主义的哲学基础。这包括对辩证唯物主义、历史唯物主义等哲学观念的理解。通过深入探讨这些哲学基础,学生可以建立起对社会历史演变的辩证思维,形成对社会结构和运动的深刻认识。经济学原理是马克思主义理论的重要

组成部分，学生需要深入学习马克思主义经济学的基本原理，包括剩余价值理论、社会生产关系等概念。这有助于学生理解资本主义制度的内在运作机制，认识到阶级斗争的经济基础。学生需要深刻理解阶级斗争、社会变革等基本原理。通过对《资本论》《共产党宣言》等经典著作的深入阅读，学生可以领会马克思主义对社会演变的深刻洞察，理解社会发展的客观规律。同时，学生需要在理论层面理解和思考如何运用这些原理来分析当代社会问题，促使他们形成对社会变革的实际指导思想。对马克思主义基本原理的深入学习为政治理论课程提供了坚实的理论基础。通过系统性的介绍，学生可以建立起对社会历史演变和社会结构的深刻理解，为后续学习和思考提供了扎实的理论支持。

（二）社会科学的相关领域知识

政治理论课程的设计应当立足于全面涵盖社会科学的多个关联领域，其中包括但不限于社会学、经济学和历史学。这种跨学科的综合性教学有助于学生形成对社会问题更为全面的认识，激发他们运用多元学科知识思考政治议题的能力。通过引入社会科学相关领域的理论框架和研究方法，政治理论课程不仅仅是对政治学的简单延伸，更是对多元思维的引导。社会学的角度为政治理论注入了更为深刻的社会结构分析，使学生能够从更广阔的视角审视权力与社会关系。经济学的理论则为政治理论提供了经济力量对政治决策的影响分析，使学生更具敏感性地理解政治与经济的交融。历史学的维度使政治理论更富有深度，通过对历史事件的审视，学生可以更好地理解政治理论的演进和背后的动因。政治理论课程的目标之一是培养学生的综合分析能力。通过将社会科学相关领域的知识融入课程，学生能够逐渐形成多元思维的能力，能够同时考虑社会、经济和历史等多个层面的因素。这种综合性的思维方式有助于学生更好地理解和解释复杂的社会现象，超越单一学科的局限性。政治理论的跨学科教学还有助于学生更全面地理解现实社会问题。社会科学的多元视角让学生能够在思考政治问题时更全面地了解问题的来龙去脉，不仅仅是表面现象。这样的理论基础使得学生在面对复杂的社会挑战时，能够更有深度地思考，并提出更为全面的解决方案。政治理论课程的丰富与深度取决于其是否能够涵盖社会科学的多个关联领域。通过将社会学、经济学和历史学等多个领域的知识融入教学，政治理论课程可以更好地培养学生的多元思维能力，使他们能够更全面地理解和解释复杂的社会现象，为未来的社会参与和决策提供更为深刻的理论基础。

（三）法学基础知识

政治理论课程中的法学基础知识扮演着不可或缺的角色。深入理解国家法律体系是学生理解政治制度和权力运行的基石。法学知识为他们提供了一个清晰而结构化的法律框架，使他们能够更加透彻地洞察政治体系中法治的重要性和功能。在学习法治思想和法律原则的过程中，学生不仅仅是获取法学知识，更是培养了对法治的深厚敬畏和遵从。理解法治思想使学生认识到法律在社会中的重要性，进而在个体与集体权益之间找到平衡。法律原则的学习则赋予学生对权力运行的敏感性，使他们能够从法律的角度审视权力的行使和制衡。通过法学基础知识的学习，学生不仅仅是法治社会的受益者，更是其积极参与者。具备法学知识，学生能够更好地理解和行使公民权利，同时也更能够履行公民义务。这种基本素养不仅是对法治社会的贡献，也是对个体责任的一种体现。将法学基础知识纳入政治理论课程，不仅能够为学生提供法治社会运作的基础认知，更是培养了他们对法治的认同和信仰。这种法学知识的融入，使得学生在未来的社会参与中能够更加理性、有序地行使权利，同时对社会法治的稳定运行贡献一份力量。

（四）时政热点与实践案例分析

时政热点与实践案例分析的融入政治理论课程，为学生提供了更为具体和实用的学习经验。通过对当前社会和国际政治事件的深入研究，学生得以将抽象的理论知识有机地应用于现实问题，培养了他们独立思考和深度分析问题的能力。分析时政热点使学生置身于实时的社会脉搏中。对于复杂且迅速变化的社会现象，学生需要敏锐地运用政治理论来解读和理解。这样的实践锻炼不仅使他们对理论知识的掌握更加灵活，也培养了对时势的高度关注和分析的深度思维。实践案例分析则为学生提供了更为具体的应用场景。通过深入研究特定的政治事件或问题，学生能够更好地理解政治理论在实际社会中的应用。这种案例学习不仅是对理论知识的延伸，更是对其实际运用的检验。学生通过分析案例，不仅能够理论联系实际，也能够更深刻地了解政治理论对于解决实际问题的指导作用。时政热点与实践案例的分析不仅拓宽了学生的知识面，更培养了他们在面对现实问题时的应变和解决问题的能力。这样的教学设计旨在使学生在课堂之外也能够运用所学知识，参与到社会的政治生活中。通过对时事的关注和实践案例的深入研究，学生能够更好地为未来的社会参与和决策做好准备，将理论知识转化为实际行动的力量。

三、政治理论课程教学方法与手段的创新

（一）互动式教学

互动式教学在政治理论课程中具有独特而重要的作用。通过强调师生之间、学生之间的积极互动，可以使学习变得更为生动和有趣。这种教学方法注重创造性思维和学生参与，为培养学生的批判性思维和问题解决能力提供了有力支持。在政治理论的学习中，互动式教学可以采用多种形式，其中包括讨论是一种富有成效的方式。通过课堂讨论，学生可以从不同角度审视理论观点，激发出多元的思考和观点。这种开放性的对话不仅仅是知识的传递，更是学生思辨和批判性分析的过程。学生在与他人交流的过程中，不仅仅是被动接受信息，更是通过与他人碰撞思想火花，拓展了对于政治理论的理解深度。辩论是另一种促使学生互动的形式。通过参与辩论，学生需要深入研究某一观点，并有条理地展开辩证思考。这不仅提高了他们的逻辑思维能力，还培养了良好的口头表达和辩论技巧。学生在辩论中能够锻炼自己的辩证能力，从而更好地理解和运用政治理论。小组活动是互动式教学的又一形式。通过小组合作，学生能够共同研究问题、讨论观点，从而形成集体的智慧。这种协作性的学习模式有助于培养学生的团队合作和沟通能力，使他们能够更好地应对复杂的政治问题。互动式教学通过打破传统的一对多教学模式，使学生更主动地参与到学习过程中来。这样的参与不仅促使了对政治理论的更深层次理解，也激发了学生对知

识的主动追求。通过这种互动式的学习体验，学生能够更自信、更具有创造性地运用政治理论，为未来的社会参与和决策奠定坚实基础。

（二）案例教学

案例教学在政治理论课程中具有显著的教学价值。通过选取真实的政治事件或历史案例，这种教学方法将抽象的理论知识具体化，使学生更容易理解和应用。案例教学的核心在于通过实际情境的分析，引导学生深入思考政治理论在复杂社会现实中的实际应用，从而培养其独立分析问题的能力。在案例教学中，学生不再被被动地接受抽象理论，而是通过深入研究真实案例，亲身感受理论知识在社会生活中的作用。这种学习方式激发了学生的主动性和主观能动性，使他们在学习中更具深度的投入感。通过分析案例，学生不仅仅是理论的消费者，更是知识的创造者，通过将理论知识与实际情境相结合，形成了更为丰富和深刻的理解。案例教学在培养学生解决实际问题的能力上具有独特的优势。通过深度剖析具体案例，学生能够更全面地了解社会、政治、经济等多方面因素的相互作用。这种全面性的学习体验有助于学生更好地运用理论知识去解决现实生活中的复杂问题，提高其实际应用能力。案例教学的另一优点在于其培养了学生的批判性思维和分析能力。通过对案例进行深入研究，学生需要从多个角度审视问题，分辨事实与观点，形成自己的见解。这种批判性的思考过程使学生更具有辩证思维，能够更准确地判断问题的本质和复杂性。案例教学为政治理论课程注入了更为实际和生动的元素。通过具体案例的分析，学生不仅仅能够更深刻地理解理论知识，更能够培养出独立思考、批判性分析和实际运用理论的能力。这样的学习经验为学生未来的社会参与和决策提供了坚实的基础。

（三）实践活动

实践活动是政治理论课程中的重要组成部分，为学生提供了更为直观和实际的学习体验。引入模拟联合国会议、社会调查、参观实地等多元实践活动，不仅能够使学生在实际中应用政治理论，更能够培养他们的实际操作能力，提高他们的团队协作和组织管理的能力。模拟联合国会议是一种强调合作与协商的实践活动。在这样的模拟中，学生需要扮演国家代表，通过协商、谈判解决国际问题。这种活动不仅加深了对国际关系和外交政策的理解，更培养了学生的团队合作、沟通与谈判技能。学生通过亲身经历，更好地理解了政治理论在国际事务中的实际运用。社会调查是另一种锻炼学生实际能力的形式。通过实地调查，学生能够深入了解社会问题的实际情况，运用政治理论来解读问题根源。这种实践活动不仅加深了学生对政治理论的理解，更培养了他们收集、整理和分析信息的能力。通过参与调查，学生能够更全面地了解社会的多层面现象，为政治决策提供更为实际的参考依据。参观实地则是直观感受政治理论应用的途径。通过参观政府机构、社会组织或历史遗迹，学生能够亲身感受政治理论在实际中的影响和作用。这种实践活动不仅加深了学生对政治实践的认知，更促使他们从身临其境的角度去思考政治理论的实际价值。通过引入这些实践活动，政治理论课程从纯理论探讨转向理论与实际相结合。学生在参与实践活动的过程中，不仅仅是理论知识的消化者，更是知识的实际运用者。这样的学习体验不仅提高了学生的实际操作能力，更培养了他们的团队协作和组织管理的潜力，为未来社会工作和生活打下坚实的基础。

（四）多媒体和信息技术的运用

多媒体和信息技术的运用在政治理论课程中扮演着重要的角色，为教学提供了更为灵活和丰富的手段。通过电子教材、多媒体演示以及在线资源的运用，政治理论课程能够更生动地呈现抽象的理论概念，提升学生的学习效率。电子教材的引入使政治理论的学习更具现代感。学生可以通过电子平台获取丰富而多样化的学习资源，包括文字、图片、音频和视频等形式。这样的多样性不仅能够更好地满足不同学生的学习需求，也增加了学习的趣味性和互动性。学生可以随时随地通过电子设备获取相关知识，加强学习的自主性和便捷性。多媒体演示在政治理论教学中具有强大的表达能力。通过图表、图片、视频等形式展示政治理论的实际应用和案例分析，有助于学生更直观地理解抽象概念。多媒体演示不仅能够提高学习效果，还为学生提供了更具体的视觉印象，有助于深化对理论知识的理解。在线资源的利用丰富了政治理论课程的内容。学生可以通过网络平台获取最新的研究成果、政治事件分析、专家观点等信息，拓宽了知识的广度。同时，教师也可以通过在线平台及时分享资料、布置作业、进行互动讨论，促进师生之间的及时沟通与互动。这种实时的信息交流使得政治理论课程更具活力和实用性。通过多媒体和信息技术的运用，政治理论课程在数字化时代焕发了新的活力。学生在互动式、多元媒体的学习环境中更容易产生兴趣和投入，同时也更有可能深入理解和应用政治理论知识。这种教学手段的运用，不仅提高了教学效果，也促进了学生对于政治理论的全面理解和应用。

四、政治理论课程师资队伍的培养与提升

（一）学科知识与理论水平的培养

政治理论课程的成功实施离不开具备扎实学科知识和高水平理论素养的师资队伍。教师在这一领域的专业素养直接关系到课程教学的质量和深度。为了培养师资队伍的学科知识水平，学校可以通过提供进修课程的方式，让教师深入学科领域的前沿。这些进修课程可以涵盖政治理论的最新研究成果、理论发展趋势等内容，以保持教师学科知识的时效性和全面性。学校还可以组织学术研讨，为教师提供一个交流学科思想、分享研究成果的平台。通过参与学术研讨，教师可以与同行进行深入的学科交流，激发创新思维，提高理论素养。鼓励教师积极参与学科研究是提升师资队伍水平的关键步骤。学校可以提供资金支持、研究项目等机制，促使教师深入开展政治理论领域的研究工作。通过参与研究项目，教师可以更深入地挖掘理论问题，提升自身的研究水平。培养教师对政治理论的深刻理解，不仅需要学科知识的积累，还需要强调理论的深度思考和跨学科的综合能力。学校可以鼓励教师在学科知识的基础上，加强对相关领域的深入思考，促使其形成对政治理论更为全面深刻的认识。通过上述方式，学校能够不断提升政治理论课程的师资队伍的学科水平和理论素养。这将有助于教师在教学过程中更具权威性，能够引领学生深刻理解和运用政治理论，从而实现高质量的人才培养目标。

（二）教学方法与手段的培训

提升政治理论课程师资队伍的教学水平是学校不可或缺的任务。在这一进程中，教师培训显得尤为重要，其核心在于培养教师们灵活运用先进教学方法与手段的能力。互动式教学是其中一项关键培训内容。这种教学方法能够打破传统的单向灌输模式，使教学过程变得更加生动有趣。通过培训，教师能学会如何设计并引导课堂互动，让学生在思考的过程中积极参与，从而更深刻地理解政治理论的要点。案例教学是另一项重要的培训领域。通过真实案例的引入，教师可以将抽象的理论联系到实际生活，使学生更容易理解和接受。这种培训不仅要求教师熟练运用案例分析方法，还需要培养他们挖掘案例背后深层次问题的能力。这样的培训能够让政治理论不再局限于课本知识，而是与实际情境相结合，使学生在学习中更能体验到理论的现实应用。实践活动组织也是一项值得重视的培训内容。政治理论虽然抽象，但与社会现实息息相关。通过组织实践活动，教师能够帮助学生将理论知识转化为实际操作的能力。这种培训不仅要求教师具备组织和引导实践活动的技能，还需要他们能够将实践中的问题与理论相结合，引导学生深度思考。这样的培训有助于培养学生的实际解决问题的能力，提高他们对政治理论的实用性认知。通过这些教学方法与手段的培训，政治理论课程的师资队伍将能够更好地应对学生的多样化需求，提高教学的灵活性和实效性。培训不仅仅是知识的传递，更是一种教育理念的传播，是对教师综合素质的提升。只有通过不断更新教学方法与手段，才能更好地满足社会对高素质政治理论人才的需求，为学生的全面发展打下坚实基础。

（三）教育心理学与学科教育学知识的融合

政治理论课程的师资队伍要想提高教学水平，必须深刻融合教育心理学和学科教育学知识。教育心理学的应用可以帮助教师更好地理解学生的学习特点和需求。了解学生的认知发展阶段是关键。通过教育心理学的视角，教师可以明白不同年龄段学生的思维方式和学习能力有着显著的差异，从而有针对性地调整教学策略，使教学更加符合学生的认知水平。教育心理学的理论还能指导教师在课堂中更好地应对学生的情感需求。理解学生的情感状态对于建立良好的师生关系至关重要。教育心理学的洞察力能够使教师更敏感地捕捉学生的情感变化，有助于营造积极向上的学习氛围。在政治理论课程中，这意味着教师可以更好地运用情感教育理念，引导学生对政治理论建立起浓厚的兴趣与情感连接。将学科教育学知识融入政治理论课程教学中，有助于提高教学的专业性。学科教育学研究了特定学科的教学特点和规律，为教师提供了更为具体的教学指导。在政治理论课程中，教师可以通过学科教育学的视角，更好地把握政治理论的核心概念，挖掘知识的内在逻辑，使教学更有深度和广度。通过融合教育心理学和学科教育学知识，政治理论课程的师资队伍可以更全面地认知学生，更精准地调整教学策略。这样的融合不仅使教学更符合学生的认知和情感需求，还提升了政治理论课程的专业性和实用性。因此，培养师资队伍的同时，必须注重教育心理学和学科教育学的知识融合，以实现更有效的教学和更全面的学生发展。

（四）实践经验的积累与分享

为了提升政治理论课程师资队伍的教学实效性，学校可以通过鼓励教师参与实践活动、社会调查等实践项目，促使他们积累更为丰富的实际教学经验。这种实践性的参与不仅能够使教师更好地理解学科知识与实际应用的关系，还能够培养他们解决实际问题的能力。政治理论并非孤立于教科书，它在社会实践中才能发挥最大的价值。通过参与实践项目，教师能够深入了解政治理论在实际社会中的应用，为其课堂教学注入更多的生动性与实用性。而在实践活动中，教师也会面临各种挑战，这对于他们的教学能力提出了更高的要求。通过克服实践中遇到的问题，教师能够更好地锻炼自己的应变能力和问题解决能力。这种经验的积累是理论教学无法替代的，它使教师在课堂上更具自信，能够更灵活地应对学生的提问和疑虑，提高教学的实际效果。学校还可以建立教学经验分享平台，为教师提供一个交流互动的平台。在这个平台上，有经验的老师可以分享成功的案例和有效的教学方法，向其他教师传递实际操作中的经验教训。这种分享机制不仅促进了教师之间的良性竞争，也为整体师资队伍的提升提供了有效途径。教学经验的分享不仅仅是单向的传递，更是一种共同的学习过程，促使师资队伍形成合力，共同提高教学水平。通过实践活动的积累和教学经验的分享，政治理论课程的师资队伍可以更好地将理论知识与实际教学相结合，提高教学的实效性。这种经验的积累不仅使教师更具备应对多样化需求的能力，还能够在师资队伍中形成一种共同的教学理念和文化，为学生提供更为丰富和实用的学习体验。

五、政治理论课程学科建设与跨学科融合

（一）政治学科的深化与研究

政治理论课程的提升和发展离不开对政治学科的深化与研究的关注。为了确保政治理论课程在学科中的地位和质量得到提升，学校可以采取一系列措施来促进政治学科的深化与研究。通过建立研究中心，可以提供一个集中的学术平台，聚焦政治理论领域的前沿问题，吸引更多教师参与到深度研究中来。这种中心的设立不仅可以促进教师之间的学术交流，也有助于整合学科资源，提高研究效率。政治学科研究中心的建立将为教师提供更多的资源和支持，使他们更容易深入研究政治理论的核心议题。通过向教师提供科研经费和支持，可以激发他们对政治理论研究的兴趣，推动学科的深度发展。这种资助不仅可以用于基础性的理论研究，还可以支持实证研究和应用性研究，促使政治理论的研究更贴近社会实际，更具有指导性。通过资助项目，学校不仅可以提升教师的研究能力，也有助于形成学科的研究氛围，激发更多教师参与到政治理论研究中来。政治学科作为一个广泛涉及国际事务的学科，与国际学术界的交流对于其深化与研究至关重要。通过参与国际学术会议、合作项目等形式，教师可以与国际同行进行深入的学术交流，获取最新的研究动态，拓展研究视野。这有助于提高政治理论课程的国际影响力，使其更具有国际先进水平。通过设立政治学科研究中心、资助科研项目、鼓励国际学术交流等方式，学校可以促进政治学科的深化与研究。这些举措不仅有助于形成一支专业、高水平的师资队伍，还能够提升政治理论课程在学科中的地位，

为培养具有国际竞争力的政治理论人才奠定坚实基础。

(二) 法学、社会学等相关学科知识的融入

政治理论课程的深化和拓展需要将法学、社会学等相关学科知识融入其中，以使课程更全面地理解社会现象，培养学生跨学科综合运用知识的能力。法治作为一种治理模式，关注法律体系对社会的规范和引导作用。通过融入法治理念，政治理论课程可以更好地理解国家治理机制、法律体系对政治权力的制约，使学生在学习政治理论的同时，能够理解和评价法治对社会的重要作用。这不仅使政治理论更贴近社会实际，也培养了学生对法治观念的敏感性，提高了他们对政治体制运行的理解水平。政治不仅仅是国家机构和权力分配，还受制于社会结构、群体关系等多种因素。通过融入社会学的相关理论，政治理论课程可以使学生更深入地了解社会的组织结构、社会力量对政治决策的影响，以及政治现象背后的社会根源。这样的融合可以拓展学生的思维边界，培养他们对社会问题的全面洞察力，提高解决问题的综合能力。政治理论课程还可以借鉴国际关系学等领域的知识，以拓展政治理论的国际视野。在全球化的今天，政治问题往往涉及国际层面，因此引入国际关系学等相关知识可以帮助学生更好地理解国际政治体系、国际组织以及国际合作与竞争的复杂关系。将法学、社会学等相关学科知识融入政治理论课程，可以使课程更加贴近实际，提高学生对社会问题的理解和解决问题的能力。这种跨学科的融合不仅有助于培养学生的思维广度，也能够使政治理论更具有深度和广度，为学生的全面发展提供更为丰富的学科体验。

(三) 跨学科项目与实践活动

为了促进政治理论课程与其他学科的融合，学校可以积极鼓励并组织跨学科项目和实践活动。这样的项目和活动不仅能够促进不同学科之间的交流合作，还有助于提高学生的综合素养和解决问题的能力。学校可以组织政治学生与法学、社会学等专业的学生开展跨学科研究项目。通过共同参与项目，学生可以深入了解各自学科的特点和方法，学会将不同学科的知识融合运用，形成更全

面的认知。例如，在研究社会问题时，政治学生可以从权力和制度的角度出发，法学生可以贡献法治和法规的视角，社会学生可以提供社会结构和群体动态的分析，共同为问题提供更为综合和深刻的解读。实践活动是促进跨学科融合的重要手段。学校可以组织模拟法庭、社会调查等实践活动，让政治学生与法学、社会学等专业的学生共同参与。在模拟法庭中，学生可以深入了解法律程序和司法体系；在社会调查中，学生可以实地了解社会问题和民意反馈。这样的实践活动既能锻炼学生的实际操作能力，也能够促使他们更深入地理解和运用跨学科知识。此外，学校还可以设立跨学科合作的平台，为学生提供更多合作机会。例如，可以建立学科交叉的课程，邀请不同学科的专业教师共同授课；也可以设立学科融合的研究中心，为学生提供学科资源共享的环境。这样的平台可以促进师生之间的更密切交流，推动不同学科之间的融合与合作。通过鼓励跨学科项目和实践活动，学校可以促进政治理论课程与其他学科的深度融合。这样的融合不仅有助于提高学科的整体水平，也为学生提供了更为广泛和深刻的学习体验，培养了跨学科思维和团队协作的能力，使其更好地适应未来社会的多元化和复杂化。

（四）国际比较与全球视野的拓展

政治理论课程的发展需要关注国际比较和全球视野，以帮助学生更好地理解不同国家政治体制的差异和相似之处，培养全球意识和跨文化交流的能力。引入国际政治理论是深化政治理论课程的有效途径。通过研究不同国家的政治体制、国际组织、国际关系等内容，学生能够更全面地了解全球政治的多样性。国际政治理论的引入不仅有助于拓宽学生的视野，也能够使其深入思考全球政治问题的本质，从而提高对国际事务的理解水平。这样的教学可以培养学生具备全球化思维的能力，使他们在未来更好地适应国际化的社会环境。比较政治学的内容也是拓展学生全球视野的重要组成部分。通过对不同国家政治制度、政治文化、政治发展路径的比较分析，学生能够发现政治现象的共性和差异。这样的比较研究有助于打破学生对单一模式的思维定势，使其更理性地看待不同国家的政治实践，提高对复杂社会现象的分析能力。比较政治学的引入也能够使学生培养跨文化交流的敏感性，增强他们在国际交往中的适应能力。国际案例分析是另一个能够拓展全球视野的有效手段。通过深入分析国际上的政治事件和问题，学生可以更直观地感受到全球政治的复杂性和多样性。这种案例分析不仅有助于将理论知识应用到实际情境中，还能够培养学生从全球层面思考问题的习惯，使他们更具全球视野和战略性思考。政治理论课程应关注国际比较和全球视野的拓展，通过引入国际政治理论、比较政治学和国际案例分析等内容，帮助学生建立全球意识，培养跨文化交流的能力。这样的课程设计不仅有助于提高学生的学科素养，还能够使他们更好地适应全球化时代的复杂变化，为未来的国际事务和全球治理做出积极贡献。

六、政治理论课程社会实践与国际交流的拓展

（一）社会实践项目的设计与组织

社会实践项目的设计与组织是政治理论课程中一项关键举措，旨在促使学生将理论知识转化为实际行动，提高他们对社会的理解和参与度。社会实践项目可以包括参与社区服务。通过参与社区服务活动，学生可以近距离感受社会问题，了解社区的需求与挑战。这种实践不仅能够让学生将理论知识应用于实际场景，还能够培养他们的团队协作和组织能力。例如，学生可以通过组织社区讲座、义工活动等方式，结合所学政治理论，为社区居民提供服务，实现理论与实践的有机结合。组织社会调查是另一种形式的社会实践项目。通过设计问卷、采访、实地考察等方式，学生可以深入研究社会问题，收集相关数据。这种实践能够使学生运用理论知识进行实证研究，培养他们的调研和分析能力。例如，学生可以选择调查某一社会问题的原因、影响以及可能的解决方案，通过数据分析提出相关政策建议，将理论知识转化为实际解决问题的手段。学生可以通过组织或参与政治活动，亲身感受政治过程，了解政治决策的背后机制。这样的实践有助于培养学生的政治参与意识，提高他们对政治制度和政策的理解水平。例如，学生可以组织校内辩论赛、模拟选举等活动，通过参与其中，深刻理解政治理论在实际政治生活中的应用。通过这些社会实践项目，学生可

以在实际场景中应用政治理论知识，培养实际问题解决的能力，增强对社会的责任感和参与感。这种实践不仅有助于巩固理论知识，还能够锻炼学生的实际操作能力，使其更好地适应未来的社会工作和社会参与。社会实践项目的设计与组织，是政治理论课程实现理论与实践有机融合的有效途径。

（二）社会实践与课程内容的融合

为了实现政治理论课程的有效教学，社会实践与课程内容的有机融合是至关重要的。教师可以通过以下方式促使学生在社会实践中应用和体现所学的理论知识，加深他们对理论与实践关系的理解，提高解决实际问题的能力。教师可以设计具体的社会实践项目，与课程内容相呼应。例如，在讲解某一政治理论时，可以引导学生选择相关的社会实践项目，通过实地调查、观察或参与活动，将理论知识应用到实际中。这样的项目设计可以使学生在实践中更深入地理解和体验理论的实际意义，加强他们对课程内容的印象和理解。教师可以将社会实践作为课程的延伸和应用环节。通过在课堂上介绍相关的社会实践案例，引导学生分析这些案例中所涉及的理论知识，并讨论如何在实践中运用这些理论。这样的讨论能够使学生将抽象的理论联系到具体的社会情境，培养他们从理论到实践的过渡能力。此外，可以在课程中设置专门的实践报告或总结，要求学生结合社会实践项目，撰写与所学理论相关的经验和感悟。这样的报告可以促使学生系统整合理论知识，深入反思实践经验，提高他们的学科素养和综合能力。教师还可以鼓励学生在社会实践中自主选题，开展小型研究项目。这样的研究项目既能够激发学生的主动性和创造性，又能够让他们在实践中更加深入地探讨与课程内容相关的问题，形成更加个性化的学习经历。通过社会实践与课程内容的融合，学生能够在实际中更好地理解和应用所学的政治理论知识，提高解决实际问题的能力。这种有机融合不仅使政治理论课程更具实践性和应用性，也促使学生形成全面发展的学科观念，更好地为未来的社会实践做好准备。

（三）国际交流与合作项目

政治理论课程的国际化水平的提升可以通过积极开展国际交流与合作项目

来实现。这种国际合作不仅能够引入国际先进理念和研究成果，还有助于拓展学生的国际视野和跨文化沟通能力。通过与国外大学建立合作关系，政治理论课程可以引进国际化的教学资源、先进的课程体系和先进的教学方法。这样的合作项目可以使学生在国际化的学术环境中学习，接触到更广泛的学术思想，提高他们的学科素养和综合能力。同时，学生也能够在国际化的背景中培养跨文化沟通的能力，为未来的国际交往做好准备。通过组织学生到国外大学进行学术交流、参与国际研讨会、进行实地考察等形式，使学生亲身感受国际学术氛围，了解不同国家政治理论研究的动态和成果。这样的国际交流访问项目有助于打破学生对国际学术界的局限认知，促使他们更广泛地了解国际政治理论的发展趋势，激发学术兴趣。政治理论课程还可以开设国际合作研究项目。与国外大学或国际组织合作，共同进行研究项目，推动跨国合作研究。通过这样的项目，学生能够深入参与国际性研究，与国际团队协作，提高其研究能力和团队协作的水平。通过国际交流与合作项目，政治理论课程可以更好地融入国际学术体系，提升国际化水平。这不仅有助于学生在学术上的全面发展，还为他们未来的职业发展和国际交往提供了丰富的经验和素材。这样的国际合作项目不仅对学生有益，也有助于推动政治理论课程的国际化进程。

（四）国际课程与多元文化教学

为了增加国际元素，政治理论课程可以引入丰富的国际课程内容，涵盖不同国家和地区的政治体制、政治文化等方面。这样的国际课程设计有助于打破学生对单一政治体系的视野，提高他们对全球政治多样性的认识。引入国际课程可以通过比较研究不同国家的政治体制来加深学生对各国政治的理解。学生将能够从中了解不同国家的政治制度、政党体系、选举制度等方面的异同，拓展自己的政治视野。这有助于培养学生具备全球视野和跨文化交流的能力，提高他们在国际舞台上的竞争力。国际课程可以通过深入研究国际组织和全球性政治问题来促进学生对国际事务的理解。学生可以学习国际关系理论，了解不同国家之间的合作与冲突，深入思考全球性问题如气候变化、人权等的政治角度。这种课程设计有助于使学生更好地理解国际事务的复杂性，培养其关注全球问题的责任感。多元文化教学是实现跨文化理解的有效途径。通过引入不同文化的案例、视角，政治理论课程可以激发学生对多元文化的兴趣。学生将有机会深入了解不同文化对政治观念、体制和价值观的影响，加深对跨文化交流的理解。这种多元文化教学不仅能够促进学生的思维多样性，也有助于培养他们更具包容性和开放性的态度。引入国际课程和多元文化教学可以使政治理论课程更加贴近全球政治的实际情境，培养学生具备全球视野和跨文化交流的能力。这种多元化的教学设计有助于提高学生的学科素养，培养其在国际环境中独立思考和解决问题的能力，为其未来的国际事务和国际交往奠定坚实基础。

第三节 思政教育的国际比较与借鉴

一、国际合作办学思想政治教育面临的时代机遇

新时代，国际合作办学模式迎来提质增效的新阶段，面临着更高层次、更高水平国际化的任务。而新时代的国际合作办学的思想政治教育迎来了宝贵的发展机遇。

（一）教育特色更加凸显

国际合作办学自 1985 年起步，经历了探索发展、规范发展和质量提升阶段，量和质都得到了相当的提升。据 2022 年第十三届全国国际合作办学年会公布的数据显示，截至 2021 年底，全国的高等教育国际合作办学机构和项目超过 2300 个，国内开设合作办学项目高校超过 800 所，在校生规模超过 60 万，已毕业学生超过 200 万。教育部部长怀进鹏在 2023 年全国教育工作会议中强调"自信自立自强，更加精准实施教育、科技、人才国际交流合作，进一步拓宽人才培养国际化路径"。2020 年至 2022 年，教育部连续三年出台政策，支持在办的国际合作办学项目临时增加招生名额。教育部 2020 年印发《关于加快和扩大新时代教育对外开放的意见》，要求加大国际合作办学改革力度。国际合作办学正以其鲜明的特色，发展成为我国高等教育国际化的主要办学形式和推动中国教育改

革的重要力量。得力的政策和规范的制度将助力国际合作办学不断提质增效，为服务大局、使教育特色更加明显提供支持。

（二）教育使命更加坚定

国际合作办学作为中国高等教育对外开放的主阵地，始终坚持党的全面领导，加强党的建设，是国际合作办学牢牢把握社会主义办学方向，扎根中国大地办学的根本。在这一背景下，做好思想政治教育工作被视为办好新时代国际合作办学、质量建设持续提升的保障。新时代下，思想政治教育的作用更加突出，特别是在国际合作办学迅速发展的背景下。为此，国务院出台了《关于加强和改进新形势下高校思想政治工作的意见》，强调要高度重视国际合作办学的思想政治工作。国家层面的多项政策也都强调党建在国际合作办学事业发展中的引领地位。在新形势下，国际合作办学对思想政治教育工作提出了新的要求和任务。随着国际交流与合作的深化，学生群体更加多元化，文化差异更加显著，因此，思想政治教育需要更加灵活、多样化，既要保持中国特色社会主义思想的坚定性，又要尊重和包容多元文化的特点。此外，全球化背景下，对学生的国际视野、跨文化沟通能力等方面提出了更高的要求，这也为思想政治教育工作提供了新的发展机遇。国家政策层面的强调党建在国际合作办学中的引领地位，意味着在推进国际合作办学的过程中，必须牢固树立正确的政治方向，确保国际合作办学不偏离中国特色社会主义道路。这要求在教育领域，特别是在国际合作办学中，党的领导必须得到切实贯彻，确保高校在国际舞台上发挥应有的作用，传播正确的意识形态，防范外来思想对我国学生的影响。因此，在国际合作办学中，思想政治教育工作需要更具前瞻性和战略性，更加注重培养学生的爱国主义精神和社会责任感。

在国家政策引导下，高校要深刻理解和贯彻新形势下高校思想政治工作的要求，紧密结合国际合作办学的实际，制定相应的工作方案。首先，要以党的全面领导为核心，加强党的建设，确保高校党组织在国际合作办学中起到领导和引领的作用。其次，要创新思想政治教育内容和方法，适应多元文化的挑战，培养学生具备跨文化沟通和交流的能力。同时，要注重国际合作项目中的思想引导，确保国际合作办学不受外部思想的干扰。此外，高校还应该建立健全国际合作办学的管理体系，明确责任、规范管理，确保国际合作办学的稳健发展。在新时代下，国际合作办学的快速发展为思想政治教育工作提供了新的支撑和保障。高校可以通过国际合作项目，引进先进的教育理念和管理经验，丰富教育资源，提高办学水平。同时，通过国际合作，高校师生的国际交流更加频繁，这为思想政治教育提供了广阔的空间。学生通过参与国际合作项目，能够更好地了解国际社会，增强国际竞争力，培养全球视野。这些都为思想政治教育工作的开展提供了丰富的资源和实践基础。新形势下国际合作办学对思想政治教育工作提出了更高的要求，但也为其提供了更多的发展机遇。高校要充分认识到思想政治教育在国际合作办学中的重要性，切实加强党的领导，创新工作机制，推动思想政治教育工作与国际合作办学相互促进、共同发展。只有在全面加强思想政治教育的同时，高校国际合作办学才能够更好地服务国家战略，为培养具有国际竞争力的人才做出更大的贡献。

（三）教育载体更加多元

近年来，新冠肺炎疫情的爆发对线下教学产生了深远的冲击，然而，在这个特殊时期，线上授课方式和平台迅速崛起，呈现出成熟和多元的趋势。这种变革不仅在理论上为在线教育提供了更为丰富的探索，也在实践中取得了显著的成果。随着在线教学的普及，成熟的线上交流平台逐渐成为思想政治教育的新载体，为传统教学方式与网络载体的融合提供了新的突破口。在线教学的成功经验为教育领域带来了深刻的变革，实现了线上线下教育的深度融合。这一深度融合不仅推动了传统教学方式的改革，也为国际合作办学模式的教育手段和载体注入了新的活力。随着线上交流平台的不断成熟，这些平台不仅仅是传递知识的工具，更成为了促进思想政治教育的有力支持。在线教学的发展不仅为学生提供了更为灵活的学习方式，同时也为教育者提供了更多个性化和差异化的教学工具，有力地推动了教育的创新与发展。在这一背景下，国际合作办学模式也在逐步转变，教育手段和载体变得更加多元。传统的面对面教学模式受到一定的制约，而在线教学则为国际合作办学模式带来了新的机遇。通过在线平台，中外学生可以在不同地理位置同步接受高质量的教育，这有效地解决了中方外方同时授课的教育难题。同时，线上教学也为跨国合作提供了新的途径，使得国际合作办学不再受到地域的限制，为合作项目的推进提供了更大的空间。

国际合作办学模式下的线上教育还有助于解决国内外分段培养的人才困境。传统的国际合作项目往往需要学生在两个国家之间频繁转场，面临文化、语言、学科等多方面的适应问题。而线上教学的引入使得学生可以更为灵活地选择学习的时间和地点，降低了学习的空间限制，为培养具有国际视野的人才提供了更为便捷的途径。这种连续性的在线教育模式有助于学生更好地保持学习的连贯性，减轻了由于频繁跨国移动带来的学科断层和文化冲击，提高了人才培养的效果。在线教育的推广和发展也为思想政治教育工作的连续性提供了有力的保障。在线教学模式的特点使得学生可以更为方便地接受思想政治教育，而教育者也可以通过线上平台更加及时地了解学生的学习情况，实施个性化的思想政治教育。此外，线上平台还为学生提供了更为广泛的学术资源和社会实践机会，拓展了他们的学科视野和社会经验。这对于培养具有全球竞争力的复合型人才具有积极的推动作用。近年来在线教育的崛起为国际合作办学模式提供了新的发展方向。通过线上教学，不仅成功实现了线上线下教育的深度融合，也解决了传统教学方式在国际合作办学中的一些瓶颈问题。在线教育的发展为国际合作办学提供了更为多元的教育手段和载体，为解决教学难题和人才培养困境提供了新的解决方案。在未来，随着在线教育技术的不断创新和完善，国际合作办学模式也将更加灵活多样，为培养更多具有国际竞争力的优秀人才创造更好的条件。

（四）教育资源更加丰富

在国际合作办学模式下，引入国外的优质教育理念和先进教学方法是推动我国教育教学改革、人才培养创新的重要途径。这一模式为学校、教师和学生带来了别样的学习体验，促成了文化和思维的碰撞。然而，在吸收国外教育经验的同时，我们需要坚持"以我为主，为我所用"的原则，将国外的教育理念与我国国情和学校校情相结合，通过理性甄别和有效借鉴，形成"引进-消化-吸收-融合-创新"的模式。引进国外的教育理念需要在充分理解的基础上进行。这包括对国外先进教育理念的深入研究和分析，了解其在本土取得成功的原因，并明确其在我国实施的可行性。同时，也要充分考虑我国的国情和教育现状，确保引进的理念能够切实适应我国的实际情况。消化和吸收是引进后的关键环节。学校和教师需要通过培训和学习，深入理解并内化国外的教育理念和先进教学方法。这不仅包括教育理念的传承，还包括对于先进教学方法的灵活运用。同时，教师团队要形成共识，加强交流合作，共同推动引进的理念在实践中的生根发芽。在融合过程中，要注重与我国国情和学校校情相结合。这意味着我们需要有选择地融合国外理念，确保其与我国的教育体系和文化传统协调一致。融合不是简单地复制外来的经验，而是在传统和引进之间找到一种有机的结合，形成更具有中国特色的教育模式。

创新是整个过程的关键环节。通过对国外经验的引进、消化、吸收和融合，我们应该逐步实现创新。这不仅包括在教学方法上的创新，更涉及到教育管理、人才培养机制等方面的创新。学校和教师要勇于尝试，不断总结经验，形成适合我国国情的创新模式。在教育教学改革和人才培养创新中，这种"引进-消化-吸收-融合-创新"的模式具有很大的推动作用。通过引入国外的优质教育理念和先进教学方法，可以弥补我国在某些方面的短板，提高教育水平。同时，通过融合和创新，可以使我国的教育更具有本土特色和国际竞争力。思想政治教育工作也可以从中获益。在国际合作办学中，引入国外的思想政治教育理念，可以拓宽学生的思维和视野，使其更好地理解多元文化。通过"引进-消化-吸收-融合-创新"的过程，可以形成更适合我国国情的思想政治教育模式，提升思想政治教育的实效性和针对性。在这一过程中，学校要加强对教师的培训和支持，建立起与国外教育机构的密切合作关系，促使双方在教育理念、教学方法等方面进行深度交流。同时，学生也要在实践中逐步体验和接受这种新的教育模式，培养其全球视野和跨文化交流能力。通过"引进-消化-吸收-融合-创新"的模式，将国外的优质教育理念和先进教学方法有机地融入国际合作办学模式中，对我国教育教学改革和人才培养创新提供了新的思路和途径。这一过程既需要教育机构的积极推动，也需要教师和学生的共同参与，通过合作与创新，实现我国教育的跨足发展。

二、新时代国际合作办学思想政治教育新路径

加强思想政治教育是时代所需，形势所迫。国际合作办学思想政治教育要立足学生实际，把握学生需求，遵循规律，增加思想政治教育工作的时代感和实效性，为达成国际合作办学培养国际化人才的目标助力。

(一) 明确新时代国际合作办学思想政治教育的方向

在国际合作办学中，思想政治教育是推进立德树人在高校培养国际化人才中的重要抓手。这一过程不仅需要明确解决思想政治教育的根本问题，还要在多元文化的交织和融合环境中坚定方向，确保立德树人贯穿国际合作办学的全过程。在这个背景下，我们需要关注为谁培养人、怎样培养人以及培养什么人这三个核心问题。

1. 要坚定方向，明确为谁培养人

国际合作办学中，学校应明确培养的目标是什么样的人才。这不仅涉及到学生的专业素养，更包括思想道德素养和国际视野。在这一过程中，学校应时刻谨记社会主义核心价值观，确保在追求国际化的同时不忘初心，将社会主义的"真经"融入到国际合作办学的教育教学全过程中，使思想政治教育在国际合作中既开放包容，又坚定不移。

2. 国际合作办学要立德树人，明确怎样培养人

立德树人是高校培养全面发展的新时代青年人才的基本保证。在国际合作办学中，学校应将学生德育工作作为基础性、常规性、关键性工作来抓，首先解决思想问题，再解决成才问题。通过发挥思政教育的引导性作用，建立起以德育人的教育模式，确保国际合作办学的学生在道德和人文素养方面有着坚实的基础。

3. 理想育人，明确培养什么人

国际合作办学的培养模式的特殊性使学生在遭遇文化冲击时更容易感到迷

失和迷茫。在这个背景下，理想育人成为关键，引导学生在多元文化氛围中不忘初心，牢记使命，坚定信念，守住底线。这需要学校通过思政教育引导学生树立远大志向，躬身学习实践，努力提升自身价值，培养国际视野和世界胸怀，让学生立志成为扎根中国大地的国际化人才。在国际合作办学中，思想政治教育不仅是培养国际化人才的抓手，更是确保国际合作的可持续发展的基础。通过明确培养目标、强化德育工作、引导学生理想信念的形成，学校可以使思想政治教育贯穿整个国际合作办学的过程，确保学生在面对复杂多元的国际环境时，能够保持对中国特色社会主义的坚守，同时在全球视野中不断拓展自己的思想和理念。这将为国际合作办学的长期发展提供强大的内生动力，也为培养具有全球竞争力的国际化人才打下坚实基础。

（二）充分发挥课堂教学在思想政治教育中的主导地位

在国际合作办学中，思想政治课程是高等教育的必修课，也是推进国际合作办学思想政治教育的重要阵地和抓手。为了带好思政课程这个"排头兵"，种好课程思政的"试验田"，我们需要根据培养目标和学生实际情况，科学合理地布局思政课程，提升其针对性、导向性和趣味性。我们需要聚焦学生需求，挖掘生动素材，调整课程内容。理解学生的背景、兴趣和需求是思政课程设计的出发点。通过深入了解学生，我们可以更好地聚焦课程内容，选取生动有趣的素材，使思政课程更加贴近学生的实际生活和学习经历。这种个性化的设计有助于引起学生的兴趣，使他们更主动地参与到思政课程中。通过丰富教学手段、革新授课方法，提升思政课程的实效。在国际合作办学中，学生来自不同文化背景，因此在教学手段和授课方法上需要更具灵活性。可以运用现代科技手段，如多媒体课件、在线讨论等，以增强互动性和趣味性。同时，采用案例分析、小组讨论、角色扮演等教学方法，引导学生主动参与，加深他们对思政课程的理解和感悟。

注重专题讲授和实践体验。通过设计专题讲授，可以深入挖掘某一主题，使学生对相关思想和理论有更深刻的理解。同时，通过实践体验，让学生在实际中感受和应用所学知识，增强他们的实际操作能力。这种思政课程的设计不仅能够提高学生的学科素养,更能够使其在实践中体验到思政教育的实际意义。在课程思政方面,要做好学生培养方案的顶层设计,合理统筹思政课、专业课和语言课,确保三者不可偏废。这要求学校在培养方案的设计中要充分考虑到思政课程的核心地位,保障其在学生学业中的重要性。在统筹的过程中,要深度挖掘课程中的思政元素,将立德树人理念有机融入到基础课程、通识课程和专业课程当中,形成全员、全过程、全方位育人的浓厚氛围。在实践中,可以通过将思政课程与其他学科相融合,形成交叉学科的教学模式。例如,在某一专业课中加入思政元素,使学生在学习专业知识的同时也能够接触到思政教育的内容。这种有机融合可以使学生更好地理解思政理念,并将其运用到实际学科中去。理想育人要引导学生在多元文化氛围中不忘初心,牢记使命,坚定信念,守住底线。这要求思政课程不仅仅是理论性的灌输,更需要通过案例分析、讨论互动等方式引导学生在多元文化中形成正确的价值观和思想观念。培养学生具有远大志向,躬身学习实践,提升自身价值,培育国际视野和世界胸怀,立志成为扎根中国大地的国际化人才。带好思政课程这个"排头兵"、种好课程思政的"试验田",需要全校上下的共同努力。通过科学合理的课程设计、灵活多样的教学手段、丰富实践体验,以及对学生培养方案的整体谋划,可以使思政课程在国际合作办学中发挥更为积极的作用,助力学生成为具有全球竞争力的综合性人才。

(三)切实体现学生在思想政治教育中的主体地位

在国际合作办学中,思想政治教育必须遵循教育规律,将学生的主体地位原则贯彻到思想政治教育的各个环节,并有机地开展"有温度""接地气"的思想政治理论教育。为此,需要明确以学生为本,树立以学生为主体的意识,精确识别学生需求,实现角色转换,激发学生的主体意识。以学生为本,树立以学生为主体的意识。思想政治教育的出发点应当是学生的需求和发展。学校要深刻理解国际合作办学的特殊性,考虑到不同文化背景、学科背景和个体差异,充分尊重学生的个性和需求。通过精确识别学生需求,针对性地设计思政教育内容,使其更符合学生的实际情况和成长需求。实现角色转换,激发学生的主体意识。在国际合作办学中,学生是课堂的主角,而教师应该是组织和引导的角色。要转变传统的教学观念,将教育过程变得更加互动和参与。教师要充分调动学生的能动性,让他们在思政教育的过程中成为主体,主动参与、融入教育环节,真正实现教育的双向互动。这有助于建立新型的师生关系,减少教育者与被教育者之间的距离,更好地引导学生积极参与思政教育,从而提升其实效性。同时,要充分考虑国际合作办学的特殊模式和培养方式。由于学生来自不同文化背景,面临的教育环境和体制可能存在较大差异。因此,思政教育应当更注重尊重和理解学生的多元性,引导他们在国际化背景下保持对中国特色社会主义的理解和认同。在课程设置和教学方法上,要更加贴近学生的实际需求,使思政教育更加具有针对性和实效性。

在实际操作中,可以通过引入具有国际视野的案例分析、讨论、互动等形式,激发学生对国际事务、跨文化交流等方面的兴趣。此外,可以通过学生参与学校事务、组织社团活动等方式,培养其组织能力和团队协作精神,促使学生在参与社会实践中形成正确的思想观念和价值观。国际合作办学中的思想政治教育应以学生为本,树立以学生为主体的意识,实现角色转换,激发学生的主体意识。这样的思政教育理念和实践模式,有助于更好地适应国际合作办学的需求,使思政教育更具有实际效果和深远意义。通过理论与实践的有机结合,将国际合作办学的思政教育做得更有"温度"、更"接地气",使学生在培养中真正成为具有全球竞争力的综合性人才。

(四)提升中西文化比较教育在思想政治教育中的比重

习近平总书记的指导思想为国际合作办学提供了明确的办学目标,即培育中西合璧的国际化人才。在这一过程中,多元文化冲击不可避免地成为引进西方教育资源的必然现象。为了更好地应对这一挑战,国际合作办学需要正确认识和充分接纳多元文化冲击,组织开展针对性的思想政治教育,通过充分利用课堂渠道和积极探索实践渠道,使学生深化传统文化认同,拓展国际视野,提高文化辨别能力,增强对文化冲击的"免疫力"。通过课堂渠道开展中西文化比较专题教育。在思政课程中,可以组织开展包容与批判的中西文化比较专题教育，深入探讨中国独特的历史、文化、国情与西方文明的异同。通过比较，引导学生深化对中国传统文化的认同，激发对西方文化的理解与尊重，实现文化价值观的交融。此外，通过引入跨文化交流的案例、教材，使学生在比较中形成更为全面的国际视野，培养跨文化沟通能力。积极探索实践渠道，组织学生在国内利用优质海外教学资源，深入开展实习和实践。通过实践活动，学生能够更直观地感受多元文化带来的冲击，正确认识国内外形势变化。同时，通过参与国际化的实习项目，学生能够更好地融入当地文化，增强对不同文化的理解与适应能力。这有助于学生更深入地认识国际化背景下的教育环境，提高对外部世界的全面客观认识。

在实践教育中，可以引导学生与国际同行开展合作研究项目，促使学生更深入地了解西方教育理念、教学模式，提高对不同教育体系的敏感性和适应性。通过实际经验的积累，学生能够更好地理解和应对多元文化冲击，培养对不同文化的包容性和开放性。将比较教育和实践教育结合起来，启发学生用辩证、发展的眼光处理文化的传承与扬弃。通过引导学生参与实际项目，使他们深度思考文化传承中的利与弊，形成对传统文化的发展态势的深刻理解。同时，通过比较文化的历史演进，启迪学生认识到文化是一个不断发展的过程，需要在保持传统的同时，也要积极吸纳外部文明的优点，实现文化的发展与进步。通过以上措施，国际合作办学可以更好地应对多元文化冲击，使学生在国际化的办学环境中既能够深化对中国传统文化的认同，又能够增强对西方文化的理解与适应能力。通过正确认识和积极引导，国际合作办学能够使学生在多元文化冲击中更好地实现自身的成长与发展。

（五）构建家校互联思想政治教育新格局

充分利用新媒体和新技术，建立新媒体工作团队，构建新媒体工作矩阵，是国际合作办学中拓展沟通和宣传方式的关键一步。在全面推动学生育人工作的过程中，通过建立信息沟通的立体育人模式，整合学校、家庭、社会、国内国外、线上线下的资源，以及"大家""小家"的结合，实现全员育人的目标。建立新媒体工作团队和矩阵。这个团队应该由专业人员组成，包括新媒体运营、教育管理、心理健康等领域的专业人士。他们负责整合各类新媒体平台，包括社交媒体、在线教育平台、学校官方网站等，形成一个有机的工作矩阵。通过这个矩阵，可以将信息传递得更加全面和及时。根据学生不同的教育时期和任务，收集动态信息，开展育人工作。通过新媒体平台，及时了解学生的学业情况、心理状态、发展需求等信息，有针对性地开展育人工作。例如，可以通过在线问卷、调查等方式了解学生的兴趣爱好，然后根据结果组织相关活动，促进学生全面发展。在国际合作办学中，考虑到学生的特殊性，可以通过线上平台提供国际化的信息和资源，拓展学生的国际视野。这不仅包括国际合作项目的介绍，还可以通过网络讲座、在线课程等方式，引导学生更好地理解国际社会的发展动态和国际合作办学的背景。

将校思想政治教育与家庭价值教育有机融合，实现资源互通和信息沟通。通过新媒体平台，学校可以及时向家长传递有关学校思想政治教育的信息，使家长更好地了解学校的教育理念和实践。同时，也可以通过家长反馈，了解学生在家庭环境中的情况，有针对性地调整育人计划。特别是在学生出国留学阶段，面临思想政治教育的缺位，通过家校互联模式及时补位，实现学生思想政治教育的持续不间断。新媒体平台可以成为学校、家庭和学生之间的桥梁，促进信息的流通和共享。通过在线平台，可以推送有关国际形势、跨文化交流等方面的信息，引导学生更好地适应国际化的学习环境。打造家校齐抓共管的全员育人体系。通过新媒体的有力支持，建立家校齐抓共管的工作机制。学校和家庭可以通过在线会议、网络研讨等方式共同商讨育人计划，确保学生在学校和家庭两个阵地都得到有效的育人引导。这有助于学生明确学习目标，激发学习热情，促进全面发展。充分利用新媒体和新技术，构建立体育人模式，是国际合作办学中推动学生育人工作的创新之举。通过新媒体的高效运用，不仅可以拓宽育人渠道，还能够建立学校、家庭、社会的立体育人网络，促进信息的互通与共享，使育人工作更加全面、及时、有效。

第三章 高校思政教育的组织与管理

第一节 思政课程设置与教学体系

一、高校课程思政设置

高校思政教育的建设在当前新时代发展的背景下具有极其重要的意义。为了确保高校真正做到"立德树人",必须深化思政课程建设,使其在高校教育体系中发挥更为关键的作用。高校应该在思政课程建设中注重提升其自身的特殊价值和理论深度。通过深入挖掘社会主义核心价值观,引导学生正确树立世界观、人生观、价值观,从而塑造积极向上的人生态度。思政课程不仅仅是知识的传授,更是培养学生社会责任感和使命感的平台。高校思政工作应当构建一个全员、全程和全方位的育人格局。全员育人要求全体教职员工都要积极参与思政工作,形成一支思政教育的强大师资队伍。全程育人则强调思政教育贯穿学生的整个学习过程,而不仅仅是某一阶段的工作。全方位育人则要求思政教育内容要涵盖多个方面,包括政治理论、法治教育、人文素养等,使学生在不同领域都能够得到全面的培养。高校还应当关注专业教育与思政教育的融合。通过将思政教育融入专业课程中,使学生在学习专业知识的同时也能够接受思想政治教育,形成全面发展的人才。这有助于培养更符合新时代发展需求的优秀人才,使其具备更强的综合素养和创新能力。高校在建设思政课程时还要注重弘扬社会主义核心价值观,引导学生树立正确的世界观和人生观。通过深入挖掘中华优秀传统文化,提升法治教育水平,使学生在职业理想和职业道德方面都能够达到更高的水平,更好地为社会服务。高校建设思政课程不仅要注重理论价值，更要贯彻实践路径，通过全员、全程和全方位的育人格局，使思政教育成为高校培养社会主义建设者和接班人的强大引擎。这不仅有助于学生个体的全面发展，也对社会主义事业的长远发展具有积极的推动作用。

（一）新时代高校推进课程思政建设的重要意义

在新时期，坚持社会主义大学办学方向，真正落实立德树人的根本任务，对高校的办学理念和实践提出了更高要求。高校办学应当始终坚持党的领导，确保高校具有明确的社会主义性质。学校领导、教职员工以及学生都应当在思想和行动上与党中央保持高度一致，确保高校的办学方向不偏离社会主义核心价值观。立德树人是高校的根本任务，需要通过全员参与、全程贯穿、全方位育人的方式来实现。强调道德、文化、法治等方面的教育，使学生成为德智体美全面发展的社会主义建设者。高校的教育要紧密结合国家发展需求，培养适应社会进步和科技发展的高素质人才。通过课程设置和实践活动，引导学生关注国家大计，树立正确的人生价值观。课程思政作为思政教育体系的关键组成部分，应当在高校中得到更大的关注和投入。课程内容要贴近时代特点，注重引导学生树立正确的世界观和人生观，同时关注培养学生的创新能力和实际操作能力。通过课程思政建设，向学生传递社会主流思想，帮助他们正确理解时事，认知社会，形成正确的判断和决策能力。这有助于确保大学生的思想与信仰走向正确的方向。通过思政课程，引导学生在知识和能力的培养过程中形成正确的价值观。注重培养学生的社会责任感和使命感，使之在日常生活和未来事业中都能够展现社会主义核心价值观的引领作用。思政课程应当强调社会主义核心价值观，使学生深刻理解和内化这些价值观，成为具有社会责任感和家国情怀的新时代青年。通过这些努力，高校可以更好地履行其社会责任，培养出符合新时代要求、具有创新能力和社会责任感的优秀人才，为实现中华民族伟大复兴贡献力量。

在充实高校思想政治教育体系，确保全员、全程和全方位育人格局的构建过程中，课程思政的发挥作用至关重要。公共课和专业课都应成为思政教育的平台。公共课可强调普遍适用的价值观和社会责任，而专业课则应关注专业伦理、法治教育等方面，使学生在专业知识学习的同时也接受思政教育。所有教职员工都应参与到学生培养工作中，不仅仅是思政课教师。鼓励各个专业领域的教师，包括科研人员，都将思政教育融入到自己的工作中，以多元的视角引导学生正确看待社会、人生和价值观。思政教育不仅仅限于思政课程，应贯穿学生在高校的整个学习生涯。从新生军训、学科竞赛、社会实践到毕业设计，都是思政教育的载体，通过这些环节引导学生形成正确的思想观念。思政教育要涉及多个方面，包括政治理论、文化素养、社会责任等。通过文学、艺术、体育等多种途径，使思政教育更加全面，使学生在不同方面都能够得到全面培养。高校教师不仅要具备专业知识，还应具备较高的思政素养。培养教师对社会主义核心价值观的理解和认同，以身作则，成为学生的良好榜样。在课堂上，教师要注重引导学生主动思考，提出问题，激发他们的思想火花。通过课堂讨论、案例分析等方式，促进学生深度参与思政教育。高校内部各个部门应密切协作，形成合力。教务处、学工部、团委等部门要共同推动思政教育的全员、全程、全方位育人格局，形成协同效应。高校应定期对思政教育的效果进行评估，根据评估结果调整和改进思政教育的内容和方式，确保其持续有效。通过以上举措，高校可以更好地构建全员、全程和全方位的育人格局，确保思政教育更贴近学生需求，更有针对性和实效性，真正实现高质量的立德树人目标。

二、高校推进课程思政建设的优化路径

通过定期培训、学术研讨和沟通交流，使教师深入了解国家政策、社会价值观，形成坚定的社会主义立场。引导专业课教师深入挖掘自己学科中所蕴含的思政教育元素。鼓励他们将社会主义核心价值观融入专业知识的传授，使学科内容与思政内容相互渗透。针对部分专业课教师可能存在的对课程思政的错误认知，采取有针对性的培训和辅导。通过案例分析、经验分享等方式，让教师深刻理解课程思政的价值和重要性。鼓励专业课教师参与与思政教育相关的学术研究和实践活动，培养他们将专业课与思政教育融合的兴趣。通过正确认知的培养，使他们更好地理解思政教育在新时代人才培养中的作用。建立科学的管理办法，确保思政教育与专业课程融合的规范进行。制定相关政策，激励

教师积极参与思政教育，将其纳入绩效考核体系，提高其对课程思政的认同感。增强专业课教师对新时代人才培养的深刻理解，明确新时代对于人才的要求，使其认识到课程思政在其中的关键作用，不仅是知识传授，更是思想引领和人文素养的提升。建立教师之间的监督听课制度，促进教师之间的经验分享和互相学习。确保思政教育在专业课程中的有机融合能够得到全面推进。在课程设计中，鼓励专业课程教师充分发挥自身专业特长，将思政教育元素巧妙融入到课程中。在组织层面，确保教学流程的顺畅，关注关键节点，推动教学目标的实现。

二、高校思政课程教学体系

（一）精准表达课程思政教学的实施理念

《高等学校课程思政建设指导纲要》明确指出，为了落实立德树人的根本任务，必须将价值塑造、知识传授和能力培养三者融为一体，不可割裂。这一表述体现了课程思政教学的规律性、价值性和目的性，明确了教学目标的三位一体。在这个背景下，课程思政要求在专业课程教学中培养学生正确的逻辑思维和价值判断能力，充分发挥专业课程知识体系对主流意识形态引导和社会主义核心价值观教育的补给与支持作用。

课程思政要求将真善美理念贯穿于课程教学全过程，使之成为专业课程与弘扬真善美有机结合的有序过程。它不仅仅是对受教育者求真精神的全面培育，更是对受教育者至善行为的精准引导，以及对其品格的持续养成。在这种理念下，课程思政的教学活动需要有序展开，经过精准设计，确保真善美理念在专业课程中得到有效传达。在价值塑造的过程中，强调"真"的吸引力。这意味着在课程思政教学中，真理的追求和真情实感的融入是非常重要的。教学设计要紧密结合专业课程的特点，确保对真理的追求贯穿于整个教学过程。学生在专业知识学习的同时，要通过真实案例、实践活动等方式，感受真实的社会问题，培养真实的社会责任感。"求真"在课程思政教学中还表现为对学科知识的深刻追求。学科知识的真实性是培养学生科学思维和求真精神的重要保障。因此，教师要注重对学科知识的真实性和前沿性进行介绍，引导学生主动探究学科的本质，培养他们对真理的敏感性。课程思政作为专业课程与弘扬真善美的有机结合，要在教学设计中贯彻真善美理念，使之成为学生成长过程中的价值引领系统。通过对真实问题的思考，对真理的追求，以及对真善美理念的理解，学生将在专业课程中培养出全面发展的品格，实现真善美理念在人才培养中的深刻影响。

（二）靶向设计课程思政教学的内容供给

《纲要》的指导强调深入梳理专业课教学内容，结合不同课程特点、思维方法和价值理念，深入挖掘思政元素，有机融入课程教学，达到润物无声的育人效果。在这一理念的指引下，科学设计课程思政教学内容成为做好教育工作的关键。

明确挖掘什么样的资源是科学设计课程思政教学内容的逻辑起点。各门学科各类课程中蕴含丰富的思政元素，但这些元素并不直接显露于课程内容之中，需要专业课教师对资源的合理性进行研判，对其中的思想价值和精神内核进行提炼和加工。课程思政教学要确保教学资源在过程中运用自如，实现逻辑自洽，因此设计内容时需紧密结合学科知识和思政元素，确保二者有机融合。明辨"基因式融合的限度"是精准把脉课程思政教学内容的科学要领。要找准专业课程与思政元素融合的合理尺度，构建两者融合的可行空间，避免过度引导和课堂教学的偏差。科学设计要防止思政化与形式化的现象，确保思政元素与专业课程的匹配度和耦合度，避免出现"两张皮"的情况。设计内容时，需科学审视资源挖掘的价值性和科学性，以实现二者的有机链合，增强思想政治教育的针对性。判断思政元素与专业课教学的互洽性，验证分析其是否与课程思政教学实践相契合。设计内容时需科学研判思政元素是否符合专业课程建设的特点，以及是否在专业课程教学中起到价值引领作用。避免思政元素"融入不足"和"过度引导"，确保思政元素与专业课程教学的相容性，使其真正发挥教育引领的作用。在课程思政教学内容设计中，要深入挖掘问题与主义相结合，以问题与主义相结合为逻辑主线对教学资源进行深入挖掘和合理编排。确保在课程思政教学中既能引导学生思考问题，又能贯彻主流意识形态引导的价值理念。通过问题化诊断和策略性建设，让课程思政教学更加深入人心，实现育人效果。

三、创新升级课程思政教学的方法手段

　　由于课程思政教学的潜隐性、人的思想系统的复杂性以及社会环境影响的冗杂性，单一的教学方法和单向度的教育手段往往受到局限。因此，为了精准实施课程思政教学，完成其教学目标，必须采用综合施治、联合使用的教育手段，坚持显隐并存、刚柔相济和漫灌与精滴相结合，形成思想政治教育的合力。在现代化信息技术的融合下，方法手段的创新升级成为实现这一目标的重要一环。显性与隐性共存是创新升级课程思政教学手段的总基调。课程思政教学体系作为思想政治教育的重要组成部分，呈现多样化形态，具有内在的价值属性和政治特性。尽管各类课程的价值涵容度不同，但各自的育人目标一致。在思政课坚持显性与隐性教育相统一的要求下，具有隐性特征的课程思政教学仍然需要以显性与隐性并存的方式对课堂教学手段进行提质升级。显性教育通过隐性教育之法达到教学目的，而隐性教育则通过融合于显性教育互动过程之中反哺教学效果。因此，需要处理好课程思政教学方法中显性与隐性两者之间内在的逻辑关联，使其在渗透中相互转化，在运用中相互补给，从而更好地拓展课程思政教学空间。此外，各门学科各类课程由于内含的思政元素不同，以及各学科背景的学生的理论需求不同，需要根据思政元素的精神内核，有针对性地设计出符合专业课程建设特点的行之有效、逻辑自洽的内隐式教学手段和外显式教学方法。只有将显性之法与隐性之道联合使用，才能使思政元素如盐般溶于课程教学的水中，取得虽春风化雨无声但立德树人有道的育人效果。

第二节　思政教育团队建设

一、课程思政教师团队建设的价值意蕴

　　当前，高校在课程思政项目方面已经积极推进，致力于构建大思政格局，

实现全员、全方位、全过程的育人目标。然而，高校在学情教情、发展模式、育人目标等方面具有独特性，这就要求在推进课程思政建设过程中特别重视教师综合素养的提升、团队凝聚力的增强以及协同育人水平的提高。高校教师群体作为思政教育的主体力量，其综合素养水平和思政育人能力直接关系到高职院校立德树人的根本目标是否能够达成，德技并举的育人成效是否能够取得。因此，高校在推进课程思政建设过程中需要深刻认识到高职教师的角色与使命，注重提升其综合素养，加强思政育人的实际能力。教师综合素养的提升是推动高职院校课程思政建设的基础和保障。高校教师不仅需要具备扎实的学科知识，还应具备较高的思政素养、文化素养和社会责任感。只有通过提高教师的学科水平，培养其较高的综合素养，才能更好地履行思政教育的职责。高校可以通过建立系统的教师培训机制，开展专业知识与思政素养相结合的培训，以提升教师的综合素养水平。团队凝聚力的增强是推动高校课程思政建设不可或缺的力量。在思政教育中，教师团队的凝聚力对于形成统一的育人理念、推进整体思政工作具有重要意义。高职院校可以通过搭建教师沟通交流平台，组织团队建设活动，加强教师之间的合作与协作，形成共同的价值观和育人目标，以提升整个团队的凝聚力。协同育人水平的提高是推进高职院校课程思政建设的关键。高校的特殊性要求思政教育不仅仅是一门课程，更是贯穿于学科教育和职业培养的全过程。因此，高职院校需要加强不同学科、不同专业的教师之间的协同育人，形成一体化的育人模式。可以通过跨学科的团队教学、共同设计跨专业的实践项目等方式，促进不同学科的教师之间的协同合作，实现全员、全方位、全过程的育人目标。高校在推进课程思政建设过程中，要着力提升教师综合素养，增强团队凝聚力，提高协同育人水平。只有通过全面加强教师队伍的建设，形成合力，才能更好地实现高校育人目标，为培养德智体美劳全面发展的应用型人才做出更大的贡献。

（一）适应职业教育时代发展的应有之义

《中华人民共和国职业教育法》于 2022 年 5 月 1 日正式实施，这是自 1996 年颁布以来的首次大修订。这一修订标志着党和国家对职业教育的高度重视，为新时代职业教育提质培优、增值赋能提供了坚实的法律保障。该法在多个方面进行了明确，特别是对高校教育的定位进行了明确，强调了其与普通高等教育同等重要但又独具特色的地位。职业教育的目标明确为培养德技双修的高素质技能人才和具有浓厚工匠精神的社会主义接班人。在新的法规框架下，高校的教育体系将更加注重培养学生的实际应用能力和职业素养，为社会产业发展提供更多技术和管理人才。高职院校的教师队伍，包括专业课教师、通识课教师、党政学团教师以及企业思政导师，被明确为重要的育人主体。在这一法规的指导下，推进职业教育高质量发展，关键在于加强这一多元育人主体队伍的整体建设，提升高职院校教师团队的综合素养和协同育人能力。高校需要着眼于教师综合素养的提升。新的法规明确了高等职业教育的特色，要求培养德技双修的高素质技能人才。这就要求教师不仅要具备扎实的学科知识，还需要注重培养学生的职业素养、实际应用能力和创新精神。高职院校可以通过建立全面的教师培训计划，强调专业课教师的实践经验和企业合作，以提高其在职业教育方面的专业水平。围绕教育体系的整合，高校需要加强教师团队的协同育人能力。不同类型的教师，如专业课教师、通识课教师、企业思政导师等，应该形成有机的合作关系，共同推进学生全面素质的培养。高校可以通过设立跨学科的教研团队，组织教师间的交流与合作，促进各类课程之间的有机衔接，实现知识的整合，为学生提供更全面的教育。同时，高校还应注重教师的思政育人能力。在新的法规下，党政学团教师、企业思政导师等在培养学生社会主义接班人的过程中发挥着重要作用。因此，高校可以通过开展师德师风培训，加强教师的思政教育理念，提高其在培养学生社会责任感和工匠精神方面的能力。新修订的《中华人民共和国职业教育法》为高校的发展指明了方向。高校在贯彻法规的过程中，应当注重提升教师队伍的综合素养，加强各类教师之间的协同育人能力，努力培养德技双修的高素质技能人才和有社会责任感的接班人，为推动职业教育跨越式发展作出更为积极的贡献。

（二）保障教师队伍良性发展的内在要求

实力雄厚、分工明晰的"大思政"教师队伍是推动课程思政建设的动力来源和坚实基础。在高校学生普遍具有理论基础薄弱、学习主动性不强的共性背景下，各级各类教师应当立足自身的职业优势和专业特色，积极探索具体、有针对性的育人手段。高校学情特点以及教师队伍的职业定位决定了职业教育发展对教师群体的双重作用，既是教师参与体验职教研究成果的机会，又是对教师队伍更新进步提出更高要求。了解学生的共性特点是构建"大思政"教师队伍的基础。高校学生在理论基础和学习主动性上存在相对薄弱的普遍特点，这需要教师对学生的心理、认知发展状况有深入了解。通过定期的学生调查、座谈和反馈机制，教师可以更准确地把握学生的学习需求和心理状态，为"大思政"教育提供更有针对性的指导。

教师应充分发挥职业优势和专业特色，探索创新的育人手段。不同专业、学科的教师应当结合自身的专业特点，设计和实施富有创意和实际意义的思政课程。通过行业实践、企业合作等方式，将理论知识与实际应用相结合，激发学生学习的主动性和兴趣，使思政教育更具深度和广度。高校教育的实践属性要求教师具备终身学习的理念。在快速发展的社会环境下，知识更新迅速，教师需要时刻保持对新知识、新理念的敏感度，养成及时更新知识的习惯。通过定期的教师培训、学术交流等方式，促使教师不断提升自身的学科水平和教育理念。教师的素养提升与社会资源的关系日益密切。传统的"自我学习"已然不能适应信息化、合作化、智能化的社会发展要求。因此，教师不仅要注重个体的学习，更要借助社会资源，如产业界、科研机构等，进行合作研究，拓宽学科视野，提升综合素养。在课程思政建设中，发挥教师群体的主观能动性是至关重要的。教师应当充分发挥在育人过程中的积极主导功能，不仅仅是知识的传递者，更是引导学生思考、培养创新能力的引路人。这既需要教师具备过硬的专业知识，又需要具备协同育人的能力，使得学生在专业领域的学科素养和综合素质得到全面发展。建设实力雄厚、分工明晰的"大思政"教师队伍，需要教师不断深化对学生共性特点的认知，发挥职业优势和专业特色，创新育人手段，保持终身学习的理念，充分借助社会资源，提升综合素养，发挥主观能动性。只有如此，才能更好地适应时代的发展需求，为培养具有国家情怀和职业担当的高素质人才提供坚实的教育基础。

（三）形成课程思政育人合力的必由之路

课程思政建设的总体目标是通过全员、全过程、全方位的教育，实现各级各类教师在育人方面的新成效，形成教师群体同守育人"思政田"共筑成长"共同体"的育人格局。在这一过程中，教师团队的建设是关键因素，能够有效弥补传统思政教育的短板，增强教师之间的互鉴，提升育人的整体性。在高校探索产教融合办学模式的过程中，将教师的专业特色融入产业文化教育成为推动育人效果的关键一环。教师团队建设有助于弥补传统思政教育的不足。传统思政教育常常存在育人内容单薄、方式单一的弊端，而通过构建实力雄厚、分工明晰的教师团队，可以实现思政课程内容的多元化和丰富化。各类教师在育人过程中发挥各自的特长，形成育人合力，使学生在道德、智力、情感等方面得到全面培养。将教师的专业特色融入产业文化教育是推动产教融合的重要策略。产业文化包括产业历史、产业精神、产业物质文化和产业制度文化等多个方面。通过依托这些文化素材，教师可以在课程思政中注入更为实际、具体的教育内容，使学生更好地理解产业的发展历程、掌握产业的核心价值观，并激发他们对于未来职业发展的热情。

在这一过程中，教师团队的职责需要明确。专业课教师、思政课教师、辅导员、知名校友等不同的育人主体在不同阶段都能发挥各自的优势。教师应当在锤炼自身专业技能和提升专业素养的同时，注重对思政理论的学习和德育规律的探索。这有助于形成互补、相辅相成的育人格局，实现育人的全员、全过程、全方位效果。为了更好地协同育人，教师团队应当根据学生在不同场域内的活动特征和情感倾向，制定更加系统完整的培养方案。这可能涉及到学生在课堂、社团、校外实践、企业实习等不同领域的全面培养，需要教师通过合作与协同，制定精准有效的教育方案。这样才能真正实现全员、全过程、全方位的育人效果。在整个过程中，教师团队要充分发挥主观能动性，不断总结经验、探索育人新路径。同时，要注重培养学生的创新精神、实践能力和社会责任感，使其真正成为具有国家情怀和职业担当的高素质人才。通过产业文化教育的引导，让学生更好地融入产业发展，为社会和国家的发展贡献自己的力量。建设实力雄厚、分工明晰的"大思政"教师队伍，需要充分发挥各类教师的特长，推动产教融合办学，将专业特色融入产业文化教育。通过明确教师的职责，形成互补协同的育人格局，制定全员、全过程、全方位的培养方案，实现育人目标。这样的教师团队不仅能够提高学生的思政水平，更能够培养具有综合素养和实践能力的高素质人才。

二、高职课程思政主体队伍建设面临的挑战

自课程思政在高校正式实施以来，已经经历了由探索新路径到逐渐形成高校育人的"新常态"的发展阶段。在这一过程中，专业教师作为主体的教师队伍逐渐成为工作推进的主力军，并在不断探索中朝着团队化、系统化、典型化的方向迈进。然而，与此同时，也面临一系列外部困境和内部挑战，包括制度体系设计上过度注重顶层设计而对量化细则的忽视，以及团队整体素养提升意识不强、育人能力系统更新缓慢等问题，这些成为当前高职院校课程思政队伍建设亟待解决的难题。外部困境主要表现在制度体系设计的不足。尽管高职院校在思政课程建设上取得了一定的进展，但在制度体系上仍存在对顶层设计的过度依赖，而对于具体实施的量化细则却相对忽视。这可能导致在实际操作中出现理论与实践脱节的情况，影响育人效果。因此，需要更加注重从宏观层面到微观层面的体系建设，确保顶层设计既有指导性，又能够切实贴近实际操作。

内部挑战主要体现在团队整体素养提升的不足。虽然专业教师在思政育人中发挥着重要作用，但团队整体素养的提升却相对缓慢。这可能与教师队伍对于思政育人工作的认识和对自身成长的认知有关。在推动团队整体素养提升方面，高职院校可以通过开展定期的教研活动、学科竞赛、跨学科合作等方式，促使专业教师共同学习、共同进步，形成更加协同有力的育人团队。同时，育人能力系统更新较为缓慢也是一个亟待解决的问题。由于思政育人涵盖了多个方面，需要教师具备全面的育人能力。然而，在实际工作中，一些教师可能对于新的育人理念和方法了解不深，导致育人能力系统更新较为滞后。为解决这一问题，高职院校可以通过组织专业培训、邀请专家讲座、搭建教师交流平台等方式，促使教师不断更新育人理念，提高育人能力。在解决外部困境和内部

挑战的过程中，高职院校可以通过完善制度体系、强化师德师风建设，注重团队整体素养提升以及更新育人能力的努力，推动思政队伍建设取得更为显著的成果。只有通过外部和内部的双管齐下，高职院校的课程思政建设才能更好地适应新时代的发展需求，为培养具有实际应用能力和社会责任感的高素质人才奠定更为坚实的基础。

（一）高校课程思政主体队伍建设的外部挑战

课程思政主体队伍建设是一项需要系统化、长期性工作的任务，要确保全程有序推进，必须充分统筹校内资源，同时与校外资源实现有效对接，探索出适应多主体育人的常态化机制，以确保主体队伍的成长路径畅通。系统化的建设需要充分整合校内资源。高校内部存在着丰富的教育资源，包括学科专业优势、先进的教学设施和优质的师资力量等。在课程思政主体队伍建设中，可以通过学科交叉融合、跨学科研究和资源共享等方式，充分发挥校内各类资源的优势，为主体队伍提供更加多元化、专业化的支持。需要打通校外资源，拓宽主体队伍的育人视野。校外资源包括企业界、社会组织、政府机构等多方面的力量。通过与校外资源的深度合作，主体队伍能够更好地了解社会发展趋势、行业需求，将实际社会问题融入到育人过程中，提高育人的实践性和实用性。在多主体育人的常态化机制上，可以建立起一套有机衔接的体系。这包括了学科专业与思政课程的融合，不同层次教师的协同育人，以及学生在不同阶段的全面培养。通过建立跨学科的教研团队、促进各类教师的交流与合作，形成有机的协同机制，推动各主体的育人工作协同有序进行。

保障主体队伍成长路径的畅通，需要建立个性化的培养计划。因为不同的教师在育人工作中拥有独特的专业背景和个人特长，为了更好地发挥每位教师的潜能，高职院校可以制定个性化的成长路径，鼓励教师参与各类培训、研讨会、社会实践等，以拓展其视野，提升育人能力。此外，建设长效机制也是主体队伍成长的关键。高校可以建立健全教师职业发展体系，为优秀教师提供更多的晋升和发展机会，激发其在育人工作中的积极性。同时，建立定期的教师绩效评估体系，通过量化指标评估教师的育人成果，为教师提供科学的成长反馈。课程思政主体队伍建设需要系统谋划、长期推进，充分整合校内外资源，打通学科与思政的融合机制，建立多主体协同育人的常态化机制，以及保障主体队伍成长路径的畅通。这样的全方位、有机衔接的机制将有助于培养更加全面发展的学生，促进高校课程思政工作在新时代取得更为显著的成果。

（二）团队建设制度体系有待完善

课程思政育人合力的充分发挥关键在于教师团队的协同合作，并在良性循环中不断提升自身的综合素养。高职院校课程思政工作在发展趋势上，多以学科群建设和院校教学队伍建设为重点，却在一定程度上忽视了学团队伍、校外思政导师以及知名校友在思政教育中的潜在作用。这主要是因为当前院校尚未形成较为完整的校内外联动育人制度方案，校企合作更注重办学模式和学生技能培训，而没有形成学生成长各阶段协同育人的长效机制。在院校内部，教师团队建设往往以系部为单位，团队合作形式主要依托各级各类竞赛，存在于团队日常协同、常态化学习方面的一定短板。要发挥校内外联动育人的潜在作用，需要建立完善的机制。学团队伍、校外思政导师以及知名校友在思政教育中都具有独特的优势，能够为学生提供多维度的指导和启发。为此，高职院校可以制定全面的育人计划，明确各参与主体在不同阶段的职责，形成一套有机衔接的校内外联动机制，使得学生成长路径更为畅通，不同阶段能够得到多方位的关照和引导。需要强化校企合作，使之更贴合学生成长需求。校企合作不仅仅应侧重于技能培训，更要在企业中引入思政教育的理念，使学生在实践中感受到思政教育的重要性。建立起校企合作的常态化机制，使学生能够在企业实践中得到思政导师和企业导师的双重引导，促使他们在实践中形成正确的人生观、价值观。

在院校内部，要加强教师团队的协同合作。当前的教师团队建设主要以系部为单位，多依托竞赛等形式进行合作。但在日常协同和常态化学习方面存在短板。高职院校可以通过建立跨学科的教研团队、定期组织教师培训和研讨会等方式，促使教师更加深入地协同合作，形成更加有力的思政育人合力。要注重构建教师团队的激励机制。通过设立教育研究项目、表彰优秀思政育人案例等方式，激发教师的热情，鼓励他们在育人工作中发挥创造性，推动思政育人合力的不断提升。要充分发挥课程思政育人合力，高职院校需要建立校内外联动机制，加强校企合作，优化教师团队协同合作，并构建激励机制，以实现全员、全过程、全方位的育人目标。这样的综合性举措将推动思政工作在新时代取得更为显著的成果。

三、课程思政建设中高校教师团队建设的路径创新

专业教师和思政教师作为课程思政建设团队中的两个重要主体，各自具有独特的专业特长和教学优势。专业教师在学科理论研究和学生技能培养方面具有绝对优势，而思政课教师则在思政理论和时政热点方面有着深厚的专业知识。因此，两类教师可以通过互补合作，发挥各自优势，共同推动课程思政建设的卓越发展。通过积极组建常态合作的育人团队，可以使专业教师和思政课教师形成紧密合作的关系。在这个团队中，专业教师可以借助思政课教师的专业知识，更好地挖掘和融入思政元素。思政课教师则可以充分利用专业教师的学科理论知识，使思政教育更具实践性和可操作性。通过共同协作，形成思政与专业知识的有机结合，提高思政教育的深度和广度。通过常态化开展活动，如课程思政类教学竞赛、教学设计竞赛等，可以激发专业教师和思政课教师的创造力和活力。在这些活动中，可以明确分工，由思政课教师负责思政理论和时政方针的收集筛选，提升整个团队的政治站位和思政关注度。这不仅有利于推动思政内容的发掘，也使得专业教师更深入地理解思政的重要性。

在集体备课过程中，可以通过明确的分工合作机制，让思政课教师和专业教师各司其职。思政课教师负责引领思政理论，强化时政热点的引导，而专业教师则通过具体的专业课程，将抽象的思政内容与实际产业情境相结合，使思政理念更加贴近学生的实际需求。通过在专业课程中挖掘和选择适当的思政元素，可以将思政教育融入到学科知识之中，使学生在专业学习的同时，感受到思政原理的引导。这样的教学模式能够在专业教学中潜移默化地传递思政价值观，培养学生积极向上的人生观和价值观。加强思政教师团队中思政教师与专业教师的常态化协作，有助于思政教学实效的提升。思政教师通过专业课教师

更全面地了解行业发展前沿问题,能够更精准地选择思政内容,提高系部思政教学的针对性。这种协作模式有助于打破学生对思政课的刻板印象,提升课堂趣味性和吸引力。专业教师和思政课教师的协同发展是课程思政师资建设的首要内容。通过互补合作,形成思政与专业知识的有机结合,将有力地推动课程思政建设走向更为深入、全面、实效的发展阶段。这种联合力量将为培养更全面发展的高素质人才提供坚实的基础。(图3-1)

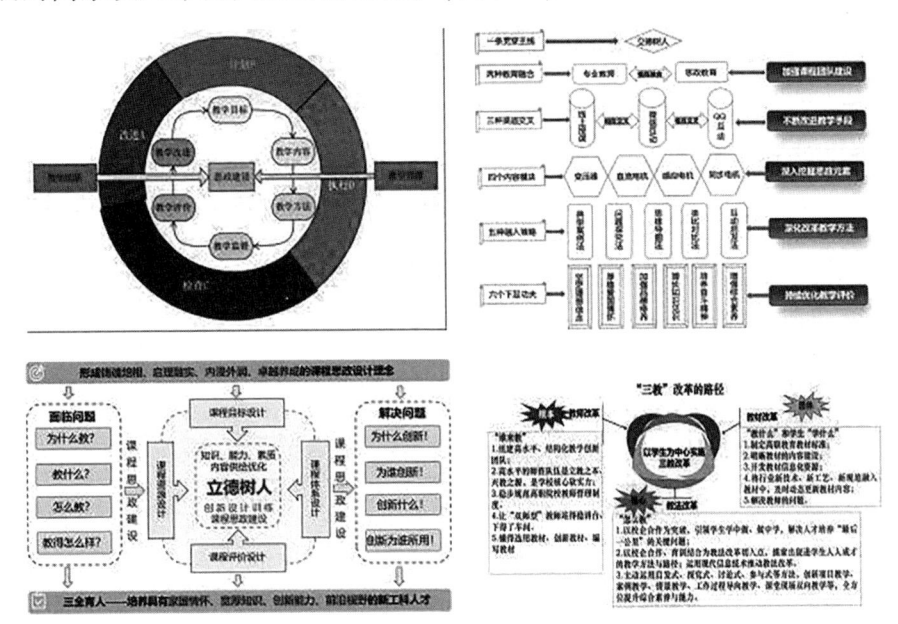

图3-1 思政教育团队建设

第三节 创新思政教育的管理模式

一、把学生创新创业能力培养融入思政管理的必要性

(一)保持教育目标的一致性

思政管理、思政教育和创新创业教育在教育目标上有着相似之处,甚至在教育内容方面也存在较大的共通性。只有将创新创业教育有机融入思政教育中,才能够促进高校学生的全面成长,为社会培养更多高素质的创新型人才。创新

创业教育符合国家发展方向，是建设创新型国家的重要途径。高校需要通过培养学生的创新创业能力和品格，提升思政教育的有效性，为高校思政教育注入更多活力。

创新创业教育与思政教育的融合是有着共同目标的，即培养社会发展需要的创新型人才。为实现这一目标，首先，高校需要使学生在创新创业教育中培养积极的情感价值观和文化价值观，形成爱国主义情感、历史使命感和社会责任感。通过思政教育，学生可以更深刻地理解国家的发展状况、党的领导地位，从而在创新创业中更好地践行社会责任。思政教育和创新创业教育共同致力于锻炼学生的问题解决能力。思政教育可以通过提供丰富的思想资源，引导学生深入思考社会问题，激发创新的动力。而创新创业教育则通过实际项目、实践经验等方式，培养学生解决实际问题的能力。两者结合，有助于学生在面对复杂问题时更具深度思考和创造性解决问题的能力。思政教育和创新创业教育的结合有助于提升学生的综合素质。通过了解社情民意、增强历史使命感，学生更容易形成积极的人生观、价值观，为创新创业奠定更为坚实的思想基础。在创新创业过程中，学生还将更容易培养创新思维、团队协作精神以及解决实际问题的实际能力。思政教育和创新创业教育是相辅相成的，两者的结合有助于形成全面育人的教育格局，培养更符合社会需求的创新型人才。这种融合不仅能够使学生更好地理解国家、社会，更能够在实际工作中具备创新、创业的能力，为社会的可持续发展作出积极贡献。

（二）全面培养创业创新型人才

只有将创新创业教育和思政教育有机融合，才能实现对高校学生全面培养创业创新型人才的目标。当前时代的特征为社会信息化、科技化、全球化、市场体制化、法治化、民主发展、文化多元化、教育大众化，国家间的竞争已成为人才竞争的重要方面。提升高校学生的创新创业意识是增强国家综合国力的重要途径。当前我国创新创业教育面临一些问题，其中之一是功利性较强，仅仅在口头上宣传创新创业课程，而实际教学内容较为薄弱。这种知识传授的方式难以取得理想的教育效果，学生很难将创新创业理论知识转化为实践操作，仅仅培养出理论研究能力较强的学生,而学生的创新和创业能力相对较弱。在这一背景下,将创新创业教育与思政教育融合,可以使创新创业理论知识与实践活动相互交融。通过引入"思想道德修养与法律基础""毛泽东思想和中国特色社会主义理论体系概论"等课程,让学生在多层面上审视创新创业。这不仅能够培养学生的专业知识,还能引导他们将创新创业知识与思政教育的核心理念相结合。通过对道德修养和法治基础的学习,学生能够在创新创业中更好地遵循伦理规范,形成正确的价值观。将创新创业教育与思政教育融合,还可以促使学生在思想上更加全面成熟。通过思政教育,学生能够更好地了解社会,树立正确的人生观和价值观,增强创新创业的社会责任感。这种全面的思想引导有助于学生更好地理解和应对复杂多变的创新创业环境。融合创新创业教育和思政教育是提高高校学生创新创业能力、推动全面成长的有效途径。通过将两者有机结合,不仅可以实现知识与实践的有机整合,还能促使学生在思想和品德上更为全面发展,为培养具备创新创业能力的人才提供更为全面的支持。

二、基于学生创新创业能力培养的思政管理创新方法

(一)注重课程融入

在基于学生创新创业能力培养的思政管理创新过程中,学校和教师需要注重课程融入,以实现深度融合创新创业教育和思政教育,培养高校学生卓越的创新能力,激发创新意识,提升学生的综合素质,使他们成为社会发展所需的创新型人才。在课程层面上,教师需要深入挖掘与创新创业相关的教育素材,将创新理念与马克思主义基本原理有机结合,以推动思政课程的时代更新与创新。这种思政教育本身就是一种与时俱进的创新,为创新创业教育提供了有力支撑。在正式进行创新创业教育活动之前,教师需要深入研究创业知识,了解如何激发学生的创新和创业意识。这包括分享最新的就业趋势、成功企业家的案例以及创新创业的实际操作。教师还应该融入相关法律知识,引导学生在创新创业中遵守法律规定,树立守法经营的理念,培养高校学生的法律意识,使他们在创新创业中做到合法合规。在高校思政教育活动中,需要创新思政教育

的模式、方法和技巧，以培养学生的创业能力和创业心理品质。构建以学生为中心的思政教育模式，注重激发学生的创新思维，通过实践活动培养学生的团队协作和领导力。教师可以通过案例教学、角色扮演、小组讨论等方式，引导学生思考创新创业的实际问题，增强其创新创业的实际操作能力。通过这种模式，思政教育能够更贴近学生的需求，使其在成长过程中逐步培养起创业的勇气和能力。通过深度融合创新创业教育和思政教育，学校和教师可以共同推动学生的全面发展。这种创新模式能够为高校学生提供更为丰富的创新创业素材，培养他们在社会中不仅具备专业知识，还具备创新思维和领导力的综合素质，为社会发展培养更具创新力的人才。

（二）营造良好的创新创业文化教育氛围

为营造积极向上的思政教育氛围和创新创业教育氛围，教师可以充分利用校园媒体和多媒体技术，通过以下措施：教师可以结合校园媒体，利用多媒体技术来宣传创新创业文化。在校园中张贴激励创新创业的横幅，通过多媒体展示创新创业的成功案例，激发学生的创业和创新精神。在校园板报上宣传有关创新创业的教育内容，提出问题让学生积极参与讨论，分享校友成功的创业故事，引发学生的兴趣和共鸣，使他们更深刻地了解创新创业的魅力和重要性。教师要在校园文化活动中渗透思政和创新创业知识，鼓励行业专家开展讲座活动。专家分享创业心得、教训、经验，激发学生的积极性和自信心，为参与创新创业活动奠定基础。通过这些讲座，学生能够获取实际的创业信息，培养积极的创业创新理念，提高市场竞争力。学校应该给予学生更多的支持，包括组织实地考察、拓展学生思路，广泛搜集创业信息，树立积极的创业创新理念。鼓励学生积极参与各类创新创业大赛，锤炼他们的意志力和实战能力。这些大赛活动能够培养学生的创业能力、创新意识，提升学生的判断力、思维力和观察力，使他们具备主动创业、积极创新的能力。

第四章　思政教育的教学方法与手段

第一节　互动式教学在思政课程中的应用

一、互动教学在思政课程中的具体应用优势

（一）提供丰富的资源体系

借助互联网的支持，我们建立了一系列先进的教学工具，这些工具已经成为教学改革中不可或缺的素材。这些工具包括智能APP、网络终端、网站、线上图书馆、以及线上数据库等多种形式。通过整合各个阶段的教学相关数据和信息，我们成功打造了一个庞大的电子化教材库，其中融入了大量关于当前教育各方面的内容。这一系列资源不仅为任课教师提供了丰富的线上资源，也为学生提供了大量的自学工具。这种方式极大地提高了教学效率，同时填补了当前高校教材的不足之处。通过构建完整的思政教学体系，我们能够更好地辅助教学，确保其顺利进行。这些互联网支持的教学工具不仅仅是教育资源的聚合，更是一种创新的教学方式。通过智能APP，学生可以随时随地获取学习资料，进行在线学习和交流。网络终端的使用使得教学变得更加灵活，师生之间的互动变得更加便捷。网站和线上图书馆为师生提供了广泛而深入的知识储备，而线上数据库则为教学和研究提供了强大的支持。我们的目标是建立一个全面的、多层次的教学体系，使学生在课堂内外都能够得到有效的学习支持。通过互联网教学工具的综合运用，我们期望能够培养出更具创新力和实践能力的学生，使教育真正成为推动社会进步的力量。

（二）能够提供灵活多元的实践空间

　　思政教学的理论层面确实需要在学生实际思想中得以具体体现，而为了更好地实现这一目标，我们特别注重为学生提供有效的实践空间。通过充分利用线上平台的灵活性，我们打造了一个相互关联的互动体系，通过互联网的力量，直接将相关原理融入学生的实际思考中。在线平台不仅能够提供学生深入了解相关知识的机会，还实现了全体学生的共同预习和信息共享。教师可以通过线上实践等方式，引导学生参与科研项目，使得学生在实际操作中深化对思政理论的理解，并将其应用于实际生活中。这种灵活的线上教学方式不仅令学生能够足不出户地完成相关实践，还激发了他们的挖掘潜能和实践潜能。学生通过线上互动，可以更好地彼此交流、共享心得，形成合作学习的氛围。同时，教师的线上引导也能够及时纠正学生的理解偏差，确保他们在实践中不偏离正确的思政方向。这样的教学模式不仅提高了思政教学的效率，也更加贴近学生的学习方式，使思政教学更具吸引力和实用性。通过线上平台，我们为思政教学注入了新的活力，使其更好地服务于学生的思想发展和实践能力的培养。

（三）开展线上挑战

　　尽管线上互动式的教学体系在提高网络教学有效性方面发挥了巨大作用，但网络空间充斥着大量不实信息，这些信息可能会扰乱教师和学生的视野。因此，师生必须具备较强的信息辨认能力，以确保在讨论互动中能够不断筛选数据，保持正确的价值导向。这也是对师生自身辨别和发现能力的一项重要考验。在以线上互动为主的教学体系中，师生需要不仅关注教学内容，还要关注信息的来源和可信度。通过培养信息辨别能力，师生能够更好地抵御虚假信息的影响，确保所获取的知识是真实可靠的。这种能力不仅在学术研究中至关重要，也在日常生活中具有实际应用的价值。此外，以线上互动为主的教学体系还能够进一步增强师生的综合水平。教师需要思考如何有效地利用网络达成教学目标，而学生则需要明确自己在互动过程中的学习目的。通过追求这一目标，师生能够逐步提升各自的水平，积极开发网络的实际使用功能，建立科学有效的互动体系。通过这样的双向提升，教学过程不仅能够在网络空间中运作高效，还能够使思政元素深入到生活和学习的方方面面。这种综合的优化努力有助于实现更高水平的思政教育，确保整体课堂维持高质量的运转状态，使学生在网络互动中培养出更全面的素养。

二、高校思政教学互动体系的具体实现路径

（一）互动体验式教学模式的开发

借助互联网构建互动教学体系并非简单地脱离传统教学课堂，而是在保持课上和课下相结合的基础上，使整个教学流程更具变动性和可调整性。因此，教师需要在原有的理论课堂基础上提取相关元素，为线上互动创造有益的切入点。

教师可以从课堂中挑选与思政教学相关的关键概念、案例或问题，将其转化为线上互动的引导材料。这样的切入点不仅能够激发学生的兴趣，也能够使线上互动更加贴近课程核心内容。通过在线平台，教师可以设计一系列互动活动，例如在线小组讨论、学生自主上传相关资料或观点、线上辩论等。这些活动有助于促进学生之间的交流合作，培养团队协作精神和独立思考能力。在课下，学生可以通过网络平台进行自主学习，查找相关资料、参与线上讨论，并及时反馈自己的学习心得。教师可以通过监督和引导，确保学生的学习方向与教学目标保持一致。在实施互动体验式教学的过程中，需要综合考虑教学内容、学生需求、在线平台的特点等多方面因素。通过巧妙地设计互动环节和活动，教师能够在原有的教学框架中引入更为灵活和富有创意的元素，进而提高思政教学的吸引力和实效性。这种整合性的教学方式有助于在线上互动中创造更为丰富、多样化的学习体验。

1. 制造切入点

思政理念常与学生的道德素养和当代社会价值观直接相关，同时社会实证是传达思政意识的主要因素。在传统理论课堂中，为了更好地引导学生关注社会发展，教师可以引入"时事评述"这一环节。这不仅符合教学主题，还能激

发学生对社会问题的关注，并通过互联网查找的方式，使他们更深入地了解国家和社会发展的关键内容。这也为在线互动提供了一个重要的机会。通过"时事评述"，教师能够将抽象的思政理念与实际社会现象相结合，使学生在理论层面的学习得以具体落地。学生通过关注当前时事，了解社会变革中的重要事件和议题，不仅能够拓展视野，还能够更深刻地理解思政课程的内涵。在线上互动方面，学生可以通过网络查找资料、分享观点、进行讨论，形成多元的思考和看法。这种方式不仅加强了学生与教材之间的联系，也促进了学生之间的交流合作。同时，教师可以通过引导讨论，深化学生对时事的分析和思考，引导他们形成独立的观点。通过将"时事评述"引入思政课堂，教师可以在传授理论知识的同时，培养学生对社会问题的敏感性和批判性思维。这样的线上互动机会不仅拓展了思政教学的形式，也使学生更好地将思政理念融入到自己的生活和学习中。

2. 提取主题

在建立了基础的线上互动活动之后，教师的下一步是精心提取主题。主题的合理定位不仅能够协助学生更好地理解本课堂内容，还有助于建立具有阶段性的教学体系，帮助学生更好地规划学习方案。以理想信念为例，教师可以通过互联网引导学生查找相关案例信息。在这个主题下，有学生可能会认为《中国梦我的梦》等一系列演讲是辅助理解的良好资源。教师可以将这些相关视频资料作为课上的讲解元素，通过引导学生观看和分析，深化对理想信念的理解。这种方式不仅加强了学生与互联网之间的互动质量，也提高了主题的定位精准性。通过明确定位主题，教师能够更有针对性地引导学生利用互联网资源，使学习更加有深度和广度。主题的设定不仅仅是对课程内容的简单概括，更是为学生提供了一个有序的学习框架。这种有针对性的互联网利用不仅可以强化思政教学的实效性，也能够培养学生在信息时代的信息获取和分析能力。合理定位主题，结合互联网资源，有助于形成更为有机、系统的思政教学体系，促进学生深度学习和批判性思考。这样的教学方式不仅适应了时代的要求，也激发了学生对思政主题的兴趣和深入思考。

3. 构建全程互动体系

互联网最显著的优势之一是能够消除空间的限制，实现即时的跨地交流，这为思政教学提供了全新的可能性。对于高校的学生而言，思政教学的核心目标之一就是培养学生在未来就业和个人发展过程中具备良好的思想意识体系和相关行为素养。因此，对于思政教学的具体流程，逐步拓展到学生的对外实习中显得尤为关键。通过互联网的支持，教师可以在思政教学中引入与实际职场相关的案例和问题，通过线上平台组织学生进行讨论、分享实习心得。这样的互动不仅使学生对思政理念的理解更具体贴近实际，还为他们提供了一个交流和学习的平台。在实习过程中，学生也可以通过网络平台及时分享实际工作中的思考和体会，获得教师和同学的反馈。这种及时的信息反馈机制不仅能够加深学生对思政教育的认识，还有助于他们在实际工作中形成正确的职业道德和价值观。进一步，通过线上互动，学生还可以参与一些社会实践项目，了解社会发展、关注社会热点，培养社会责任感。这样的拓展既有助于学生更好地将思政教学内化为实际行为，也为他们未来的职业发展奠定了坚实的道德基础。将思政教学逐步拓展到学生对外实习中，借助互联网提供的跨越空间的优势，不仅能够增强思政教学的实效性，也更好地服务了学生的职业发展和个人成长。这种融合实践与理论、线上与线下的教学模式，有助于构建更为全面、灵活的思政教育体系。

（二）打造共享案例资源库

在建立了互动教学模式的基础上，构建一系列附属性的网络平台和学习空间至关重要。其中，完善的共享案例资源库充当着依托互联网构建的学习场所，为学生提供大量所需资源，实质上成为一座电子化的图书馆。对于决策者和领导者而言，鼓励各个专业通过互联网构建自身的特色案例素材库是关键举措。通过形成影像资料和电子文件，创建多元化的电子数据库，将校本课程、电子资源、实践案例、思政理论、时政时事等相关模块整合其中。这不仅为学生提供了丰富的网络资源体系，还为其提供了一个信息共享和互动的入口。学校领导应当激励各专业积极参与，建设各自特色的网络平台。通过构建这样的平台，学校可以汇聚各专业的精华案例，形成一个庞大而丰富的学科资源池。这种资源的集成不仅有助于学科间的跨界合作，还为学生提供了更为广泛的学习空间。学生作为资源上传的主体，可以协助教师和专业管理人员，共同维护和归档数据资源。这种参与式的学习过程不仅可以提升教师本身的教学能力，还能够激发学生的发散性思维，拓宽他们的学科视野，从而能够更迅速和及时地定位相关的思政理论。构建附属性网络平台和学习空间，借助完善的共享案例资源库，能够为学校提供丰富多彩的教育资源，推动思政教育朝着更为开放、互动、创新的方向发展。这样的举措既是对学科深度发展的支持，也为学生提供了更为灵活、自主的学习环境。

（三）打造完善的监督管理体系

互联网的应用在提升教学质量的同时，也带来一系列潜在影响，例如大量复杂信息可能扰乱师生视野，一些舆论事件可能扭曲学生的价值观。为了应对这些挑战，在开展思政教学线上互动体系的过程中，院校需要建立相关小组，以确保线上课程的监督和把控。一个典型的例子是某院校结合思政教学线上互动的实际需求，构建了课程思政督导团队。这个团队主要由学生干部、学生党员、专业教师、技术人员以及后勤人员组成，负责相关网站的维护、社会信息的筛选、电子资源的审查、数据库的充实、线上课程的监督等任务。这样的团队能够及时实现舆情监控，确保线上互动具有正确的方向和良好的效果。督导团队的具体工作方式可以包括线上听课、定期讲座以及问卷调查等方式。通过结合具体的调查和审查结果，团队可以制定下一阶段的互动教学大纲和相关任务。此外，还可以将教师的课堂表现与学生的实际成绩进行业绩考核挂钩，从而激励教师和学生更为认真地参与线上互动。这种以正规科学为基础的线上教学体系构建方式，有助于促使思政课程与专业课程融合、线上线下融合、理论实践融合。通过监督和督导，院校可以更好地满足具体的教学需求，确保思政教学在线上互动过程中能够取得更为理想的效果。

（四）完善评价机制

以线上为主要场所的教学体系在运作中留下了大量的数据信息，这些信息成为评价教学成效和学生成绩的主要依据。因此，评价体系的建立需要创新，采用综合线上线下相结合的方式。这意味着将互动教学的实际情况纳入原有的考核体系中，以其结果对原有的教学大纲和计划进行修订和评价。学生的课下学习成绩、线上互动表现、对外实践成果以及个人综合素质可以被纳入评价体系，实现多元化评价。不仅如此，还可以将教师、学生自身、同学、家长、社会专业人士纳入评价主体中。通过对外调研和课题报告等公开的方式，对学生的具体情况进行评价。这种综合评价方法不仅能够实现外界对高校教学体系改革的监督，也能够激发学生对自身的监督意识。通过公开透明的评价体系，促使学生在线上互动中表现出更高的自律和责任感。同时，也为学校提供了改进教学、满足学生需求的有力依据。通过将线上互动与教学、评价、教改紧密联系起来，可以实现高校教学质量的有效增强。这种多元化、综合性的评价方法有助于形成更为全面、科学的教育评估，使教学更贴近学生实际需求，更好地服务于学生的全面发展。

第二节 利用虚拟现实技术促进思政教育

一、虚拟现实等科技手段进行思政教育的优势

（一）虚拟现实技术概念

虚拟现实技术，也被称为 VR 技术，是在互联网技术发展基础上研发而来的一种先进技术。在应用时，通过对真实场景的虚拟重建，利用计算机网络构建一个独立于现实世界的全新环境。借助传感设备，使用者能够身临其境，调动各种感官，在这个虚拟的世界中进行各种操作。由于这些操作所产生的数据具有关联性，通过设备传递到使用者的感官中，使得使用者能够沉浸在虚拟环境中，仿佛亲自参与其中。虚拟现实技术的核心在于通过计算机生成的仿真环境，为用户提供一种身临其境的感觉。通过头戴式显示器、手柄、体感设备等传感器，用户可以与虚拟环境进行实时互动，感受到视觉、听觉、触觉等多方面的

体验。这种技术不仅能够创造出逼真的虚拟场景,还能够在其中进行各种实际感官上的操作,为用户带来前所未有的沉浸式体验。在教育、医疗、娱乐等领域,虚拟现实技术都有着广泛的应用。在教育方面,它可以提供生动的学习环境,使学生能够亲身体验历史事件、科学实验等,增强学习的趣味性和实效性。在医疗领域,VR 技术可以用于手术模拟、康复训练等,提高医疗效果。在娱乐领域,虚拟现实游戏更是为玩家提供了身临其境的游戏体验,极大地提升了娱乐的水平。虚拟现实技术的发展为各行各业带来了许多创新和可能性,为人们提供了更加丰富、全面的体验。

(二)虚拟现实技术在思政教育中应用的可行性

虚拟现实技术的出现与高校的思政教育有着天然的契合性,这项技术能够使原本看似枯燥的思政教育更为生动有趣。通过提供生动的视听材料,让学生通过对历史场景和历史人物的虚拟体验,深入感知其中的内涵,实现身临其境的学习。这样的教学方式引起学生的共鸣,帮助他们建立正确的信仰和理念,实现高校思政教育的根本任务——立德树人。应用虚拟现实技术进行思政教育,摆脱了传统教学模式中教师一方传授知识、学生机械输入的框框,而是在教学过程中充分发挥学生的主动性和能动性。学生不再是被动地接受教育,而是在特定情境中主动进行学习。这种教学方法有助于学生更深入地学习社会主义核心价值观,培养他们良好的思想道德和政治素养。应用虚拟现实技术在教学中有助于在更深层次上培养学生的创新能力、创造能力,以及教学育人的能力。通过互动式的虚拟体验,学生可以在实际情境中运用知识,培养解决问题的能力。这样的教学方式能够更好地满足学生的学习需求,使思政教育更为贴近实际生活,更加有力地引导学生形成正确的人生观和价值观。因此,虚拟现实技术在高校思政教育中的应用具有广阔的前景和深远的影响。

(三)虚拟现实技术在思政教育中应用的必要性

当前,高校学生急需引入虚拟现实技术,这是因为这项技术能够让学生沉浸式体验思政教育的理论知识,使他们能够切身感受到这些知识的重要意义,从而更坚定其理想信念。与此同时，虚拟现实技术作为一种新型的信息技术，对于成长在信息爆炸时代的高校学生而言，更具吸引力。这些学生在接触新事物方面经验丰富，能够迅速掌握新技术。虚拟现实技术与现代学生更为贴近，更富有趣味性，使学生能够根据自己的兴趣深入学习历史事件。这样的体验不仅能够激发学生的学习兴趣，还有助于培养学生正确的世界观、人生观、价值观。虚拟现实技术不仅让学生产生新奇的体验，而且能够让学生在学习思政教育的过程中根据自己的兴趣主动参与，从而更好地吸收和理解相关知识。虚拟现实技术还能够增强学生对思政教育的认同感。通过在虚拟世界中亲自实践，学生能够将抽象的理论知识转化为自身的思想认识，使之内化为自身的品质。这种个性化的学习体验有助于激发学生对思政教育的兴趣，并使其更加深刻地理解和接受相关的理念。虚拟现实技术在高校思政教育中的应用，不仅为学生提供了全新的学习方式，更为思政教育注入了新的活力和影响。

图 4-1 虚拟现实等科技手段进行思政教育

二、虚拟现实等科技手段进行思政教育的实现路径

（一）创新思政教育的模式

在高校中，学生的认知水平和学习能力存在着一定的差距，同时学生个性各异，有些人认为思政教育相较于实际就业创造价值的技能而言显得不那么重要。这种认知差异给思政教育带来了一些挑战。职业院校的学生学习基础和学习能力较为薄弱，对于思政知识的理解也相对较浅，有的学生对理论知识产生刻板印象，认为学习思政教育没有实际意义，导致教学效果不佳。特别是在互联网时代，学生接触到的信息更加多元，面临浮躁的态度和负面信息的冲击，也使得思政教育面临着更多的困难。高校的教师需要深入了解学生的特点与需求，转变教学观念，更加注重实践教学，让学生参与到课堂中，加强与学生的交流。教师不能坚持传统的理论输出，而是应该探索让学生进行沉浸式学习的方法。虚拟现实技术提供了一个创新的途径，通过建立实际的教学项目，让学生在虚拟现实中体验思政教育课程。在虚拟现实中，教师可以设置前后左右相关联的内容，引导学生集中注意力，排除外界干扰，使他们沉浸在知识的输入过程中。思政教育当前面临着学生与教师互动较少的问题，虚拟现实技术本身就具有很好的交互性。通过交互手柄等工具，学生可以在虚拟环境中进行媒体交互，加强与教师之间的互动，促进情感联系。这种互动性不仅可以提高学生对思政教育的认同感，还能够更好地引导学生深入参与思政课程，主动学习理论知识。采用虚拟现实技术，教师可以通过创新的教学方法，提高思政教育的吸引力和实效性，更好地满足学生的学习需求。

（二）加强专业人才队伍的建设

将虚拟现实技术融入高校的思政教育中确实需要大量专业人才。这一过程涉及到思政项目内容和系统模块的开发，需要组织策划系统开发流程，并要将理论知识与实践内容巧妙结合，以创造出符合实际教学需求的虚拟现实课程。教师在这方面不仅需要具备较高的虚拟现实技术科研能力，还需对高校的思政

教育内容有详细了解。以习近平新时代中国特色社会主义思想为例，教师要构建虚拟现实课程，需以习近平总书记的讲话精神为主题，打造虚拟场馆和场景体验模式。在场馆搭建过程中，需要运用三维技术，利用雕刻等艺术形式更好地展现习近平总书记的思想。结合讲话场景、经典语句以及我党的历史大事件，形成交互式的虚拟系统。高校在应用虚拟现实技术进行思政教育时，需要构建一支专业的人才队伍，这些人才既擅长思政理论，又精通虚拟现实技术。在数量上，高校应配备足够数量的思政教师，并培养更多理论与技术结合的人才。这有助于更好地将虚拟现实技术融入思政教育，以确保二者相互适应，对学生产生积极影响。在质量上，高校应培养教师的专业能力，使其能够亲身体验和学习虚拟现实设备，掌握将虚拟现实技术融入思政教育的思维和能力。这样的人才队伍才能更好地支持高校开展虚拟现实思政教育。

（三）增加经费投入，提高信息化水平

当前很多高校的信息化水平相对较低，而虚拟现实产品的昂贵也是限制其推广的因素之一。为了促进高校思政教育的虚拟现实技术应用，有必要采取多方面的措施：政府可以通过拨款或专项资金支持高校的虚拟现实技术体验中心的建设。这有助于提高学校的科研经费在教育费用中的比例，使得学校更容易承担相关设备的购置和体验中心的建设费用。高校也应积极投入更多的资金，购买虚拟现实产品，并建设相关的体验中心，以确保学生能够充分体验使用虚拟现实技术进行思政教育的乐趣和效果。高校可以不断拓展资金来源，吸纳社会资金，促进教育改革的推进。政府可以鼓励企业与高校开展校企合作，建设实训基地，培养更优秀的人才。

在国家层面，可以加强虚拟现实思政体验教学中心的建设，提供相应支持和资源。同时，可以通过省级或校级的合作，共同建设虚拟现实实验室，实现资源共享，降低成本。在社会层面，政府也可以依托文化馆、图书馆等场所建设省级的体验中心，为学生提供思想教育，培养正确的三观。这样的多方合作和支持将有助于推动虚拟现实技术在高校思政教育中的广泛应用。的确，当前我国的社会主义建设进入了新时期，这也要求教育领域的思政教育不断创新。

在高校，通过采用先进的教学手段，如学习强国APP、青年大学习小程序以及虚拟现实体验中心等，思政教育在形式和内容上都得到了新的拓展和丰富。新时期下，虚拟现实技术的应用为思政教育带来了更为直观、沉浸式的体验。然而，确实存在一些技术方面的挑战，包括开发者需要具备高水平的技术能力，而使用者在长时间使用虚拟现实设备时可能会面临一些感官上的不适。这需要在技术研发和用户体验方面进一步优化。总体而言，虚拟现实等科技手段在思政教育中的应用是一个不可避免的趋势。这种方式不仅提升了教学的趣味性和互动性，也为学生提供了更为深刻的思考与体验。在保障技术稳定性和用户体验的基础上，虚拟现实技术的应用将有助于推动高校思政教育的创新和提升。在未来，对技术和应用的不断改进将进一步促使思政教育取得更为显著的成果。

第三节 实践与案例教学在思政教育中的实践

大学生对思政教育的反感和抵触心理确实是当前高校面临的一项重要挑战。为了应对这一问题，高校可以从学生的角度出发，通过对传统教学实践模式的创新和完善，提高思政教育的吸引力和实效性。高校可以采用更加灵活多样的教学方式，摒弃单一的传统讲授模式。引入互动式教学、小组讨论、案例分析等教学方法，使思政教育更具活力和趣味性。通过与学生互动，了解他们的兴趣和关注点，将思政理论与实际生活相结合，使学生更容易理解和接受。高校可以充分利用现代科技手段，如在线学习平台、虚拟实境教学等。通过技术创新，将思政教育融入学生喜闻乐见的互联网和虚拟体验中，提高学习的趣味性。这种方式可以打破传统的时间和空间限制，让学生在更自由的环境中进行学习，从而增加学习的主动性和积极性。高校还可以通过开设选修课程或专题讲座等形式，让学生有更多的选择空间，更符合他们个性化的学习需求。结合学生的兴趣和专业特长，设计一些具体实用的思政教育内容，使学生能够在学习中找到实际应用的价值，增加学习的动力和积极性。高校需要建立一个积极向上的思政教育氛围，通过学生参与学校管理、社会实践等方式，培养他们的责任感和社会参与意识。让思政教育更贴近学生的生活，使之成为他们成长过程中不可或缺的一部分。通过这些创新和完善的举措，高校可以更好地满足学生的需求，提升思政教育的实效性和吸引力，使学生更愿意参与其中，形成正确的思想观念和人生价值观。

一、高校思想政治教育实践教学

（一）实践教学的意义

高等教育在整个教育系统中扮演着重要的角色，其任务不仅仅是传授学科知识，更是培育具备高质量和卓越素养的人才。思政教育作为高校教育的核心组成部分，对于提升学生的道德品质和政治素质至关重要。国家对于优秀人才的需求不仅包括扎实的基础知识和高超的技术能力，还需要这些人才拥有正确的人生观、世界观、价值观。为了实现这一目标，学生需要积极参与实践活动，将理论知识内化为实际行动，通过实践过程中的体验和锻炼实现全面发展。这种全面发展不仅包括技术精湛和基础知识扎实的层面，还涉及到学生的思想境界和综合素养。实践活动为学生提供了更深层次的学习机会，使其能够在实际操作中应用所学知识，培养解决问题的能力和创新思维。在实践活动中，学生有机会与实际问题接触，理解社会发展的脉络，感知社会的多样性和复杂性。这样的体验不仅有助于学生形成正确的人生观和世界观，还能够培养他们的团队协作能力、领导力和社会责任感。通过参与社会实践，学生能够更好地理解自己在社会中的角色，形成积极向上的人格。思政教育与实践活动相辅相成，共同促使学生成为具备全面素养的优秀人才。通过在实践中深化对理论知识的理解，学生能够更好地投入到社会发展的潮流中，为国家和社会做出更有价值的贡献。这种全面发展的培养方式符合国家对高等教育的期望，使学生更好地适应和引领社会的发展。

高校思政教育工作的展开是贯彻青年观、深化社会主义核心价值观的关键教育举措。基于马克思主义意识形态的基石，高校思政教育把立德树人作为根本任务，旨在塑造特色社会主义事业，进一步提升人才培养的针对性。高校大学生思想政治教育的实施紧跟时代变革，以青少年成长特征和马克思主义青年观为切入点，全面阐述青年的价值理念，同时坚定党和人民对广大青年的殷切期望，满足培养高素质人才的需求。在社会主义发展进程中，青少年是中国梦实现的主体力量，思政教育能够对他们的思想、行为以及日常学习生活进行引导与规范。理论与实践相辅相成，将整个思想意识形态贯穿于学生的日常生活与成长历程中，塑造高尚品格，激发创新精神，深化勤学修德、明辨务实的思想原则，真正凝聚中国力量，为学生的多元化发展提供有力支持。

（二）高校思政教育实践教学的问题

一是以人为本教育理念作为实践教育的重要基石，对任何课程实践而言都至关重要。部分高校思政教育忽视以人为本的教育理念，在开展思政教育实践的过程中，按照自身已经设计好的教学计划进行，未结合学生的具体情况与实际需求，导致思政教育实践教学活动形式化严重，对大学生起不到任何积极作用。二是高校教育"重视课堂教学，忽视课外实践"的现象普遍存在，思政教育实践教学形式落后，内容枯燥乏味。部分高校思政教育实践教学依旧选择观看视频资料等方式，大多以室内实践为主，实践形式落后，内容相对单一，大学生学习积极性调动不起来，无法发挥实践教学的实际作用。

缺乏科学化实践教学考核评价制度，缺少系统化考核评价制度或参考依据。当前，传统的思政教育实践教学考核机制存在一系列问题，迫切需要进行改革和优化。首先，大部分高校将实践教学视为基础知识教学的附属，未将其有机纳入教学体系，导致缺乏相应的考核方案。其次，考核机制缺乏健全性和系统性。一些高校思政教育实践教学的考核内容单一，考核形式未能及时创新。另一方面，一些高校的考核手段过于随意，缺乏科学依据的支持。这些问题使得高校思政教育实践考核制度显得不够系统化、操作性差、规范性不足。在信息化时代，高校思政教育实践教学面临更为严格的要求。为此，教育工作者应当不断优化考核制度，使之更加科学、规范、有针对性。首先，要确立实践教学在教学体系中的地位，制定明确的考核方案，确保实践教学有序进行。其次，要创新考核形式，引入多元化的评价手段，充分考察学生在实践中的综合素养。最后，建立科学的考核标准，确保考核过程公正、客观，为高校思政教育实践提供更加有效的引导和支持。

二、提高高校学生思政实践教学策略与成就

对思政教育实践教学的改革和发展而言，需要明确教育主体，坚持以人为本的教学理念，切实实现立德树人的根本任务。高校思政教师在实践教学过程中，应根据大学生的实际需求和具体情况设计有针对性的教学方案，以更好地满足学生的需求。同时，教师需要创造良好的学习氛围，调动学生的学习积极性，关心学生的情感，倾听学生的学习诉求，注重他们精神世界的充实，发现学生的价值，从而使其思想意识得到提高，最终推动思政教育实践教学的高质量发展。在思政实践教学中，教师应当根据学生的认知规律和个性化学习需求对课程内容进行优化和扩充。强调学生的主体地位，使其成为课堂的主人，具备鲜明的主体作用。在开展实践教学活动的过程中，要创建自由和民主的教学环境，同时保证必要的课堂纪律和规范。通过利用优质、具有吸引力的课程内容，引导学生聚焦思政课堂本身，深入探讨知识内容和思政理论，而非完全放任学生对课程内容和形式进行设计。教师在实践教学中要把握好开放课堂的尺度，为学生提供明确的学习和实践思路，依托开放而优质的教学环境深入学习理论知识，逐渐培养学生的自主学习能动性。整体而言，以人为本的教学理念将成为推动思政实践教学创新和提升的关键所在。

（一）思想认识逐步加深

案例教学法的应用在思政课教学中引起了高度关注和广泛推广。随着案例教学法在思政课中的逐渐应用，我们对其有了新的认识。案例教学法在思政课中的运用开始较早。大连理工大学于1998年开始将案例教学法引入思政课教学，戴艳军教授主编了第一本思政教育案例分析教材。此后，全国其他高校也开始在思政课中进行案例教学法的相关研究和实践。对于在思政课中采用案例教学法的重视程度不断提升。2005年，中宣部和教育部发布了《关于进一步加强和改进高等学校思想政治理论课的意见》，要求在思政课教学中采用新颖活泼的教学方式，包括案例教学法，以提升教学效果。这一要求明确了国家对案例教学

法在思政课中应用的充分肯定和高度重视。教师们在探索多种教学法的研究工作上需要更多努力。以上决定和意见充分说明了国家对案例教学法在思政课中应用的理论研究和实践操作的明确方向。在这一指引下，国内许多高校都在不同程度上开展了案例教学法在思政课中的应用研究和尝试。

（二）运用方式不断丰富

在思政课中应用案例教学法的实际操作过程中，为了提升案例教学法在思政课中的运用成效，各高校根据教育对象和课程特点的不同，采取了不同的案例教学法运用方式。目前主要有以下几种运用方式：

1. 发现式案例教学方法

通过具体案例的展示，将案例与课程中的问题有机结合，引导学生深入探索案例中蕴含的理论，使学生真正理解"知其所以然"。思政课通常涉及较为抽象的理论，学生对其理解可能存在一定困难。因此，激发学生的探究兴趣和认知潜力就显得尤为重要，使他们在学习过程中能够体验到理论知识背后的实践智慧，从而增强对理论的认知。在课堂上，教师通过选择具体案例，并将其与预先设置的问题结合呈现给学生，引导学生深入案例情境，围绕案例和相关问题展开分析和讨论。通过这样的方式，学生经历了从典型到一般、从具体到抽象的认知转变，实现了认识的飞跃——从感性认知向理性认知的过渡。这种案例教学法能够更好地激发学生的学习兴趣，使他们在实践中更深刻地理解和应用理论知识。

2. 实践式案例教学方法

教师首先通过讲授课程内容引导学生进入主题，接着展示典型案例，将案例作为基础教育信息的一种媒介，以此连接理论与实践，创设一个贴近现实的场景。学生通过深入分析和讨论案例，借助相关理论和经验的内化，实现了从理论知识到实际应用的过渡。这种案例教学方法将抽象的理论观点和概念与实际情境有机结合，使学生能够在实践中理解理论，真正做到"学以致用"。理论学习不能仅仅停留在学生对理论概念的抽象理解，而应将学生引导到具体的实践中，让他们理解理论如何应用于实际生活。认识世界的目的是为了改造世界，理论学习需要回归实践的检验。实践式案例教学方法通过让学生在理论知识和实际案例结合的过程中体验从抽象到具体、从一般到典型的认知转变，不仅深化了学生对理论的认识和理解，还提高了他们分析和解决实际问题的能力。这样的教学方法实现了认识的第二次飞跃——理性认识回归实践，使学生更好地将理论知识运用于实际情境中。

第五章　思政教育与学生成长

第一节　思政教育对学生人格塑造的影响

一、思政教育对学生价值观塑造

思政教育的目标在于引导学生树立正确的世界观、人生观、价值观。这一过程涵盖了对马克思主义基本原理、国家政策法规以及社会主义核心价值观等内容的学习。通过系统的知识传授，学生逐渐形成积极向上的价值观，从而树立正确的道德信仰和人生目标。在思政教育中，马克思主义的基本原理被视为塑造学生思想的基石。学生通过学习马克思主义的世界观、人生观、价值观，了解社会历史的发展规律，培养对社会现象的深刻洞察力。同时，深入了解国家的政策法规，使学生对国家治理体系和法治精神有更为全面的认识，树立对法治的敬畏之心。思政教育还注重培养学生的社会责任感和家国情怀。通过学习社会主义核心价值观，学生在传承中华民族传统美德的同时，也能理解并践行当代社会主义核心价值观，形成热爱祖国、关心社会的积极态度。思政教育通过系统的理论教学，引导学生树立正确的世界观、人生观、价值观，使他们具备正确的道德信仰和积极向上的人生目标。这种教育旨在培养德智体美全面发展的社会主义建设者和接班人。

二、思政教育对学生社会责任感培养

思政教育强调了个体与社会的紧密关系，旨在让学生认识到自己是社会的

一员，具有参与社会发展和建设的责任。通过学习社会科学知识，学生得以深入了解各种社会问题，从而培养他们的社会责任感和公民意识。在思政教育的过程中，学生不仅仅是知识的接受者，更是社会的参与者和建设者。通过学习社会科学，他们能够深刻理解社会结构、社会变革的原因与规律，认识到社会中存在的各种问题，从而形成对社会的全面认知。思政教育致力于唤起学生的社会责任感，使其在认知社会问题的过程中产生对社会的关切与责任。通过参与社会实践、志愿服务等活动，学生能够将所学知识运用于实际，感受社会问题的复杂性，进而培养对社会发展的积极参与态度。思政教育还强调培养学生的公民意识。学生通过学习法治知识，了解国家法律法规，形成守法意识和公民责任感。这有助于塑造学生积极向上、守法守纪的品德，为他们未来的社会生活和职业发展奠定坚实基础。思政教育通过学习社会科学知识，培养学生的社会责任感和公民意识，使其具备更好地参与社会、建设社会的能力和意愿。这符合培养社会主义建设者和接班人的根本任务。（图5-1）

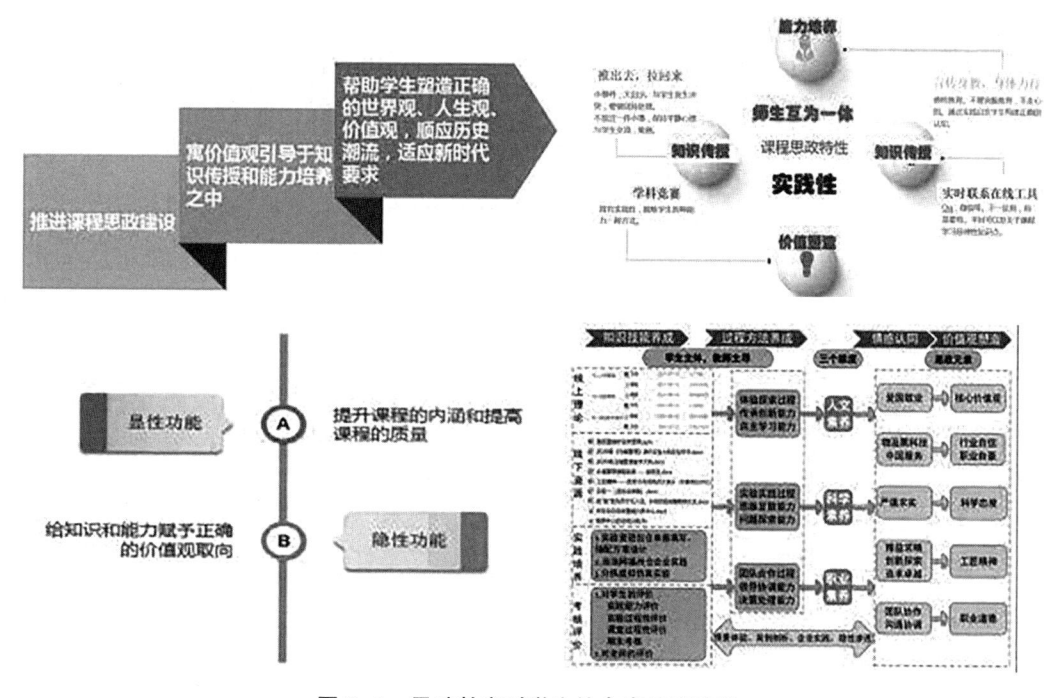

图5-1 思政教育对学生社会责任感培养

三、思政教育对学生政治觉悟提升

思政教育通过学习政治理论、深入了解国家的政治制度和运作等内容，旨在提高学生对国家政治的敏感性和理解力。这一过程有助于培养学生的政治觉悟，使其能够积极参与社会和政治活动，成为具有社会责任感的公民。在学习政治理论的过程中，学生能够深入了解国家政权的组织结构、运作机制，以及政府决策的背后逻辑。通过对政治体系的学习，学生对于国家政治的运作机制有了更为全面和深刻的认识，从而提高了他们对国家政治的敏感性。此外，通过深入研究国家政治制度，学生对于政府职能、国家决策的形成过程等方面有了更深刻的理解。这种理解不仅仅是对知识的积累，更是对国家政治实际运作的洞察，有助于培养学生对政治的独立思考和分析能力。思政教育强调政治觉悟的培养，使学生能够从政治的角度审视社会，关心国家大事，形成积极向上的政治信仰。通过学习国家政治，学生能够更好地理解国家面临的问题和挑战，培养对国家发展的关切之心，使他们具备积极参与社会和政治事务的意愿和能力。在培养学生社会责任感的同时，思政教育也着力打造具有公民素养的学生群体。通过学习法治知识，了解国家法律法规，学生能够养成守法守纪的良好品行，成为遵纪守法的公民。思政教育通过政治理论和国家政治的学习，提高学生对国家政治的敏感性和理解力，培养他们的政治觉悟和社会责任感，使其成为具有深刻政治认知和积极公民素养的新时代公民。

四、思政教育对学生思辨和批判性思维

思政教育鼓励学生进行思辨性的思考，倡导对各种观点进行批判性分析。通过学习不同的思想体系、历史事件和社会现象，学生得以培养独立思考和批判性思维的能力，从而形成较为完善的思维方式。在思政教育的课程中，学生接触到多元的思想体系，了解各种不同的观点和理论。这种多元性的学习有助于学生超越狭隘的思维局限，拓展视野，从而培养出开放、包容的思维方式。同时，学生被鼓励审视这些观点的合理性，培养对于知识的批判性思考。通过深入学习历史事件，学生能够对人类社会发展的历史脉络有更为清晰的认识。

这种历史的思考有助于学生对于社会变革、制度演变等问题进行深度思考，形成对于历史发展规律的理解。在此基础上，学生能够对现实社会问题有更为敏锐的洞察力，形成更为成熟的历史思维方式。社会现象的学习也是思政教育中的重要组成部分。通过分析社会现象，学生能够理解背后的社会结构、制度机制等方面的因素。这种对社会现象的深度思考培养了学生对于社会运行规律的把握，使其在面对复杂的社会现实时能够有条不紊地进行思考和判断。思政教育通过鼓励学生进行思辨性思考，培养独立、批判性的思维方式，使其更好地适应复杂多变的社会环境，具备更强的综合素养。

五、思政教育对学生团队协作与沟通技能

思政教育注重培养学生的团队协作和沟通能力，通过小组讨论、社会实践等方式，使学生学会倾听他人意见、尊重多元观点，培养团队协作的精神。在思政教育中，学生往往参与小组讨论，共同研究课程内容，交流对于理论的理解和看法。这种小组讨论的形式有助于激发学生的思考和表达能力，同时也培养了他们团队协作的意识。在小组中，学生需要共同解决问题，提出自己的见解，并倾听他人的意见，形成集体的智慧。社会实践是思政教育中另一个重要的环节，通过参与社会实践活动，学生能够更好地理解社会的运作机制，同时也需要在实践中与他人合作，协调资源、分工合作，达到共同的目标。这种实践不仅锻炼了学生的实际操作能力，更加培养了他们的团队协作精神。思政教育还强调在团队中倡导尊重多元观点的氛围。通过接触不同的思想观点、文化背景，学生能够更好地理解和尊重多样性，培养宽容和包容的心态。在团队合作中，学生学会接纳不同的意见，形成共识，这不仅对于解决问题有帮助，也有助于培养学生的人际关系技能。思政教育通过小组讨论、社会实践等方式，培养学生的团队协作和沟通能力，使其具备更强的团队协作精神，更好地适应未来社会的发展。

第二节　思政教育与学生社会责任感培养

一、建立完善的思想政治教育课程体系，提高学生的社会责任感培养

当前，高等教育必须在教育目标、内容、方法以及学习、生活等方面，找出不利于高职学生责任感形成的消极因素，进而消除与完善措施。要以提升高职学生创造力发展，加强高职学生责任意识为目的，建立一套完善的管理服务体制，以及稳定的教育责任机制，真正做到向全面的素质化教育靠近。高职学生可能受到来自家庭、社会等多方面的压力，使其难以专注于责任感的培养。解决这一问题，需要建立家校社会共同参与的机制，加强与家长的沟通，共同关注学生的成长，形成家庭、学校和社会协同育人的合力。高职学生在学校的学科知识学习中，如果缺乏实际应用的机会，可能无法深刻理解知识的实际应用与社会责任之间的联系。因此，学校应该加强实践性教学，注重知识与实际应用的结合，使学生在学习过程中能够更好地体会到知识的价值，培养对社会的责任感。高职学生的学习环境和学科设置也可能对责任感的培养产生影响。学校可以通过优化课程设置，引入跨学科的知识，培养学生对综合问题的解决能力，从而增强其社会责任感。在学生生活管理方面，学校还应提供丰富多彩的文体活动和社会实践机会，鼓励学生参与志愿服务、社区建设等实际活动，培养其责任心和服务意识。高职学生责任感的培养需要学校、家庭和社会的共同努力。通过改善学生的学习环境，加强与家长的合作，注重实践性教学，提供广泛的社会实践机会，可以更好地引导学生形成积极的责任意识，为其未来的发展打下坚实基础。

（一）学校营造良好校园氛围，促进责任意识的养成

为了促进学生责任意识养成，学校相关的硬软件措施的改善是必要之举。

这些改善主要体现在构建一个绿树成荫、幽美舒适的校园环境和一个文化气息浓厚的学习环境。在这样一个和谐的环境中，学生有了精神与心灵上的熏陶，潜移默化地接受了优质教育，达到良好的教育目标。并且为了锻炼广高职学生的身体素质，针对学生普遍喜爱的运动项目，提供一定的基础设施，如足球、篮球、排球等体育运动设施和场地。学生在享受设施的同时宣传"爱校如家"的口号，发扬校园文化的精神，来引导学生具备有共同维护设施的意识。在高校中，构建丰富多彩的校园文化环境是必不可少的教育措施。高校是建设精神文明的基地，在学生成长中，环境育人在责任意识的培养中起着重要的作用。因此，让健康向上的校园文化席卷整个校园，最终形成崇尚责任，鄙视不负责任行为的风潮。在积极宣传正面典型时，对学校中的不负责任的人与事以及道德败坏的错误言行和丑陋现象进行公开批评和谴责，并形成一定程度上的舆论监督。这是一种独特的校园力量和道德机制，使那些不负责任的败坏份子如过街老鼠。当富有强大责任感的美德与不负责任的恶俗行为形成强烈对比时，学生的荣辱观会自主体现出来，并折射到自己身上来。这样可以促进社会道德水平的提高，使道德建设不断进步，并影响到高职学生的责任意识的提高。

（二）利用德育课程的有效手段，提升对于责任的认知水平

高职学生责任水平的增长，除了通过思想政治教育和体验性学习，还应该利用外因的刺激，继而产生内化效果，使高职学生产生意识上的共鸣，从而获得责任意识，大大提升责任认知水平。然而，责任是基于理性上，由心而发的，不是因外在压力而被迫接受的。所以，高职学生只有通过自主探究学习，才能潜移默化地引起高职学生对责任意识的关注，而那中被迫接受，非自由选择的行为本身就是不道德的，毫无意义。探究性德育教育在高职学生的责任感培养上，打破了传统教学模式，充分发挥了高职学生在学习中的主体地位以及学习的自主性，使学生在心理上产生一种内在想要履行的冲动。最后，在规划课程内容中，不仅要有理论性的知识，还应加入针对性强的动态时事。这样，学生可以更清晰地根据理论来指导实践，例如将原理与自己的人生理想、历史使命

感、社会责任意识有机的统一起来。

体验性德育课程是基于大学生在生活中的感悟和对自身未来的憧憬，从而自主的增强社会责任意识。然而，道德性的责任行为必须具有自主的能动性。高职大学生只有在生活的各方面得到了历练，才能实现人的真正成长、成熟。在培养高职学生责任意识上，体验性德育课程，注重开展多种走近社会生活，感知大自然力量的教育形式，并提供多种体验方式，如生活情境、活动情境、文字情境等，帮助高职学生获取与责任感相联系的情感体验，进而达到心灵上的共鸣。最后，通过这些个体或群体的体验，逐渐形成正确的责任观，并逐步内化。实践是体验道德教育课程的本质，则设计多种符合高职学生需求并带有责任教育意义的活动是课程中必不可少的重要内容。活动的特点必须具备多样性、启发性和可行性，使教学与社会的各方面有效的结合起来。在各种活动形式中，校内集体性活动的开展是非常必要的。校集体性活动的开展可以培养高职学生相互协调，集体合作的能力，并在活动中体验互助、关心与谦让。比如积极地参加社会实践、公益活动等，使其在亲身参与的过程中，不断增强社会责任意识。

二、加强思政教师队伍建设，提高学生的社会责任感培养

培养高职学生社会责任感的一个关键环节是加强思政教师自身队伍的建设。思政教师的社会责任感和示范作用对于思政课的成功传授至关重要。教职人员应该成为行为的榜样，通过身体力行将校园环境的建设与维护传递给学生，有意识地进行培养与引导，从而实现教育的目标，使高职学生自觉地增强社会责任感。高校的评价体系也应对教师进行全面评价，采用集体互评的方式，使评价更加全面完善，从而激发学生接受责任教育的主动性。这样的评价机制有助于形成一种鼓励教师发挥示范作用、引导学生培养责任感的正向循环。

三、完善学校管理制度，促进学生社会责任感的培养

为了使高职学生树立正确的价值观、是非观、荣辱观，高校应确立一套合

理客观的管理制度。这样可以为学生的日常生活和学习提供科学有效的引导，在日常管理中为教育成效提供真实可靠的反馈信息。通过利用这些信息，学生可以加强自我约束，改善行为，从而提升对责任的自觉认识。因此，通过管理制度，可以有效地起到对高职学生的约束和监督的作用。规范化的校园管理体系是高职学生责任意识形成的基础和保障。为了激励高职学生的责任感，管理的内容应与学生的日常生活和学习相结合。例如，制定合理的寝室管理制度、学习出勤制度、学生活动管理制度等，通过这些日常学生管理的措施，可以在潜移默化中培养学生自我约束和主动承担责任的意识。因此，完善的校园管理制度是进行责任意识教育的必要基础。这样的管理制度旨在构建一个有序、和谐、鼓励个体责任感的校园环境，从而培养高职学生更好地适应社会、肩负责任的意识。

第三节 思政教育对学生职业规划的促进

一、高校职业生涯规划课程实施课程思政的意义

高等职业教育在我国教育体系中的地位日益重要，成为应对人才短缺和提高劳动者素质的重要途径。在高质量发展的视域下，高校的职业生涯规划课程思政是推动高等职业教育改革的重要手段。实际上，职业生涯规划课程思政的核心之一是要培养学生正确的职业观和职业道德，引导他们以正确的态度和价值观对待自己的职业发展，并在职业生涯中不断提升自我素养，为自己和社会创造更大的价值。这不仅涉及技能的培养，更体现了职业教育的高质量发展需要注重素质的培养。高校在开展职业生涯规划课程教学时，需要切实将课程思政理念贯穿其中。通过深入浅出的教学方式，将优秀的品德和职业精神传递给学生，使他们在职业发展中更具方向性和意义性。学生在了解自己的前提下，更需要向外探索，了解世界的发展规律，知晓社会、国家发展的需要，根据时代的要求适时地更新自己，不断拓展自己的宽度和广度，才能做出一份优秀的

职业生涯规划，也才能更好地与社会经济发展契合。这种整合思政理念的职业生涯规划课程将有助于培养有责任感、有担当的高素质职业人才，为社会的可持续发展贡献力量。

（一）课程思政有利于职业生涯规划课程内容系统化、科学化

德技并修是职业教育高质量发展的路径，是人才培养模式的总要求，在职业生涯规划课程中更是如此。从课程内容上看，职业生涯规划不仅仅关注学生的职业发展能力，也应该注重帮助学生树立正确的职业价值观和社会发展观，以便在未来的职业生涯中做出正确的决策，取得更好的成就和幸福感。学生通过向内的自我评估、向外的职业认知，通过分析，结合自身的理想与职业愿景，规划自己的职业发展路径。其中，认识自我、对标社会经济发展需要是职业生涯规划的基础，结合职业岗位要求及社会发展需要，为制定合理、科学、可行的职业生涯规划奠定基石。职业生涯规划课程应当突出道德与职业素养的培养，使学生具备正确的职业观和价值观。在学习过程中，注重德育教育，引导学生明辨是非、树立正确的道德观念。同时，要通过案例分析等方式，让学生了解各行各业的职业操守，培养学生的职业道德，使其在职业生涯中能够正确处理职业道德和个人利益之间的关系。这种注重德育与职业素养的综合培养有助于形成全面发展的人才。职业生涯规划课程还应引导学生关注社会变革和行业发展趋势，使其在职业选择和发展中紧跟社会需求，具备适应未来职业环境的能力。通过课程学习，学生能够更好地了解各个行业的发展前景，预测未来职业市场的需求，有针对性地规划自己的职业生涯。这种对社会经济发展的敏感性和理解力，有助于培养学生全面发展、适应性强的职业人才。

（二）课程思政有利于职业生涯规划课程目标客观化、统一化

"课程"是思想政治教育的载体，脱离了载体便失去了思政教育的意义和目的。课程思政应是以思政元素促进课程的建设与发展，课程思政的灵魂应在"育人"，培育出富有感情、懂得付出、知晓荣辱并且具有爱国主义情怀的新时

代接班人。

  课程思政的提出使得职业教育不再只追求技能型人才的培养，而是更关注对学生思想上的影响，能够培养成为有历史使命感、社会责任感以及职业道德感的高素质技能型人才。在职业生涯规划课程中，思政元素的融入应该贯穿整个教学过程，以培养学生全面素养、正确价值观、积极人生态度为目标。具体来说，可以从以下几个方面进行思政课程的设计和开展：引导学生审视自身的价值观，通过学习和讨论，使其树立正确的职业价值观，明确自己的职业目标与社会责任。在课程中注重培养学生的职业道德感，通过案例分析、角色扮演等方式，引导学生正确处理职业中的伦理道德问题，提高其职业操守。鼓励学生关注社会热点、社会问题，通过课程内容引导学生思考自己在职业中如何履行社会责任，培养社会责任感。强调国家政策、法规对职业生涯的指导作用，培养学生对国家的认同感和责任感，使其具备爱国主义情怀。通过实践活动，让学生深入了解所学专业的实际应用，增强对职业的认同感，提高实际操作能力。综合以上因素，课程思政旨在通过课程的设计和开展，使学生在技能培养的同时，更好地理解社会责任、树立正确的价值观，并能够为社会、为国家的发展贡献自己的力量。这样的职业生涯规划课程将更具有综合性和深远意义。

二、高质量发展视域下高校职业生涯规划课程思政的实施举措

（一）融合教研室，进行合理的课程设置和教学改革

  高校的职业生涯规划课程要想与思想政治教育有机结合，最关键的是需要授课教师的"巧思妙想"，将思想政治教育巧妙融合在该课程中。因此，高校有必要从顶层设计，将该课程的教研室设计成职业生涯规划、思想政治教育、专业课三者的教研室融合体，形成课程学习研究共同体。这里的融合并非是简单的办公室合并，而是在制定课程内容及目标的时候，邀请思政教研室、专业课的教师参与其中。高校职业规划课程思政要紧密结合所学专业、行业需求、社会发展实际情况，注重培养学生的实践能力。职业生涯规划课程的授课教师要

把握该课的核心内容，在备课过程中与思政课教师、专业课教师科学、合理地将思政元素融入职业生涯规划课程的课程目标与教学内容中，挖掘每一个模块中的教学载体、教学内容、教学步骤中所蕴含的思政元素并做精心设计。在备课的过程中采用集中备课，分批多次的开展教学研讨活动，充分利用网络资源，形象生动地将思想政治教育潜移默化传递给学生。高校可以通过与企业合作，开展职业生涯规划课程实践教学、实训实习等活动，让学生深入了解企业需求和市场情况，提高自身的职业竞争力。及时跟进学生的课程评价。教学质量的好坏由学生决定，教研室的融合、教材的编写、课前的准备等工作都是为学生服务的，作为教育活动中的主体，学生的评价是一切工作的源泉。教研室接到学生的评价反馈后，应及时调整授课计划、教学内容或教学方式等，为后期课程设计做准备。这种全方位、多层次的策略有助于使职业生涯规划课程更好地发挥思政教育的作用，为学生成长提供全面的指导。

（二）提高教师能力，加强理论学习和思想更新

高校职业生涯规划课程思政需要注重培养教师队伍。西方发达国家在职业生涯规划领域先行发展并积累了大量的理论知识和实践经验。但是，我们也需要意识到在我国社会主义建设中，对于人的价值观和人的发展、人才培养等方面都有着自己的理论和经验。在职业生涯规划课程中，我们可以借鉴西方的理论和经验，同时也要结合本国国情和社会主义建设的需要，引导学生树立正确的职业目标，建立正确的职业价值观念和社会责任感。在当前整个职业生涯规划教育教学过程中一直是以自身发展为主要诉求，对社会需求层面考虑较少。这就要求我们在职业生涯规划课程中要引入思政元素。有了中国特色社会主义理论的支持和指引，可以使职业生涯规划课程更适宜中国发展实际需要，为培养学生的家国情怀、道德修养、职业素养、社会责任等提供理论支持。在教师队伍培养上，需要聚焦思政教育，提升教师的理论水平和实践经验，使其能够更好地将思政元素融入职业生涯规划课程中，为学生提供更有深度和广度的教育。这种有机融合的教育模式既能发挥西方经验的优势，又能保持符合本国国

情的特色，更好地实现职业生涯规划课程与思政教育的高效结合。

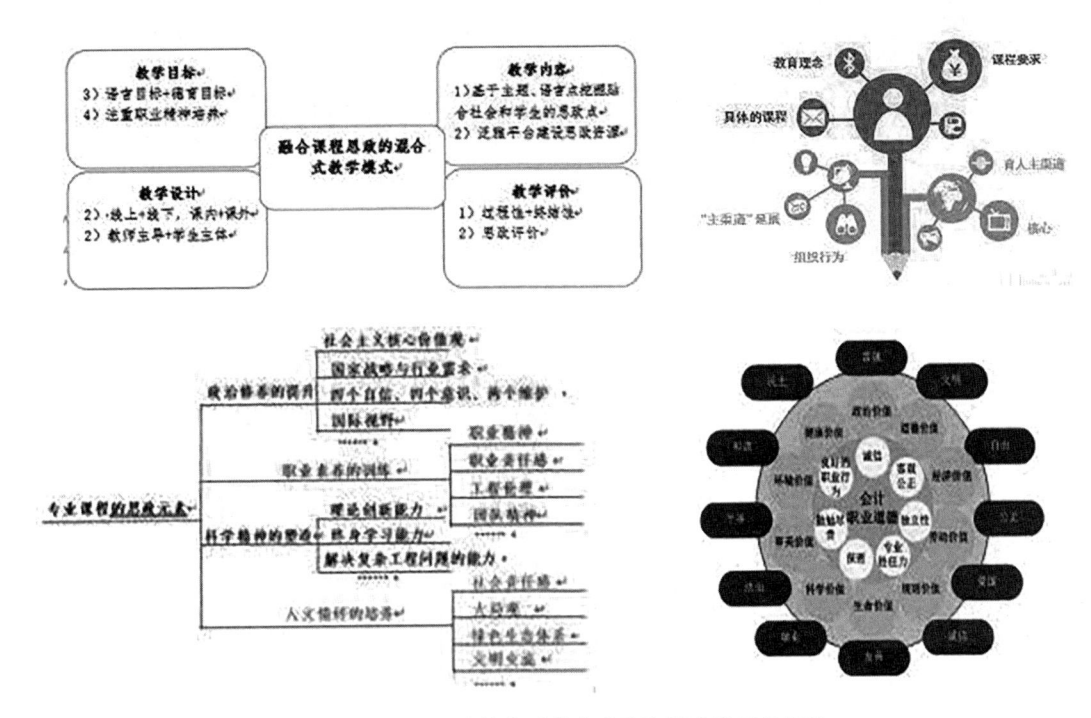

图 5-2 思政教育对学生成就和职业发展的促进

第六章 思政教育的跨学科融合

第一节 艺术与文学在思政教育中的作用

一、艺术在思政教育中的作用

近些年来，思政教育有助于学生德育品德发展，在教育领域受到广泛关注。随着思政教育不断受到重视，也需要基于传统教学做出改变，利用舞蹈艺术发挥对教育的作用，推动思政教育顺利开展。

（一）为职业院校思政教育提供有效支撑

在新时代的教育背景下，舞蹈艺术不仅仅是一种娱乐和审美的形式，更是一种深刻影响学生思想和情感的教育工具。通过舞蹈，我们可以在学生中建立起一种与审美、情感等多方面要素相互共鸣的联系，从而将正确的思想意识和道德情操渗透给学生，达到净化心灵、引导学生的思政教育目的。舞蹈艺术作为见证历史发展的载体，不仅反映了社会的变迁，也为学生提供了一个深入了解历史和文化的途径。在职业院校中，通过舞蹈形成良好的艺术氛围，可以为学生学习思政思想提供良好的环境。高雅的艺术表演不仅能够丰富教育环境，还能够培养学生的审美情趣，提高他们对美的敏感性，从而更好地理解和接受思政教育的内容。舞蹈艺术作为表达美育的重要途径，在思政教育中发挥着重要作用。通过舞蹈，可以培养学生的审美能力，陶冶他们的情操，使他们更加具备综合素质。在教育部提出的思政教育背景下，舞蹈艺术应当承担起深化思政教育的社会责任和使命，为职业院校的思政教育提供有效支撑。将思政蕴含的精神通过舞蹈艺术形式展现给学生，不仅能够在视觉和听觉上震撼学生的心灵，更能够帮助他们更好地理解思政教育的内容。舞蹈的表现力能够将抽象的精神具象化，使思政知识更加生动形象地传达给学生，为新时代传播思政知识、引导学生发展提供有力支撑。通过规范学生行为，舞蹈艺术有助于落实院校立德树人的根本任务，培养学生良好的道德品质和行为规范。在舞蹈的独特魅力中，深化思政教育，将为培养更加全面发展的人才打下坚实基础。

（二）发挥政治教育作用

舞蹈的独特魅力不仅在于其艺术表达的技巧和美感，更在于能够为学生打开丰富的感性世界之门。通过深入了解舞蹈的背景，学生可以更全面地领略舞蹈艺术的独特之处，同时，舞蹈所传递的思想和情感也能够引起学生心灵深处的共鸣。在舞蹈中蕴含的思政教育内容通过节奏感和技巧展现，被转化为具体而生动的艺术作品，使学生能够真切感受到这些抽象概念在舞蹈表演中的真实存在。舞蹈的表演形式为思政教育提供了独特的载体，通过试听和表演，通过肢体语言呈现思政思想的内容，可以更加深刻地影响学生。这种形式不仅丰富了思政教育的手段，更能够增强对学生的政治教育作用，使思政思想深入人心。舞蹈艺术对学生的吸引力不仅在于其技巧和美感，更在于激发学生对学习思政思想的兴趣。通过参与舞蹈，学生能够深入感受舞蹈的内涵，进而加深对思政知识的理解，树立正确的观念，培养人文精神，提高思政教育的效果。舞蹈艺术与思政教育的融合不仅仅提升了教学的高度，更有助于通过舞蹈传递社会主义核心价值观，弘扬爱国情怀。这种融合深化了积极文化在学生脑海中的影响，引导学生健康成长，使舞蹈艺术在"三全育人"中发挥更积极的作用。通过舞蹈，学生不仅在审美层面得到满足，更在思政教育中获得全面发展，为塑造具有社会责任感和人文关怀的新时代青年奠定坚实基础。

（三）可以提高学生的个性特质

舞蹈艺术与思政教育的有机融合不仅是教育元素的运用，更是一场对原有思政教育设计的全面重构。这需要教师具备较高的素质和能力，同时善于深入舞蹈艺术中挖掘蕴含的精神内涵，以引导学生学习，实现思政教育的深层次目标。教师在这个过程中要充分理解舞蹈艺术的语言，善于从中提取能够触动学生心灵的主题，以促使学生更深刻地理解思政教育的内容。学生通过舞蹈艺术的体验不仅能感受到其中蕴含的人文精神，更能深刻领悟舞蹈所传递的精神力量。这种体验有助于打破传统教学的限制，推动教育方式的创新，使教育更具有思想的进步性。舞蹈艺术的发挥不仅在于技巧的培养，更在于帮助学生塑造个性特质，强化学生的意志力，并培养学生具备爱国精神、工匠精神等重要品质，推动学生更全面地发展。在思政教育中，舞蹈艺术扮演着不可替代的角色。职业院校应当加强对舞蹈艺术的重视，充分利用这一媒介形式，为学生呈现多样的艺术形式。透过舞蹈引领学生形成正确的意识形态，培养学生良好的思想道德素质。这种综合性的教育方法不仅能够提升学生的审美水平，更能够引导他们在情感、精神层面迈向更高的境界。通过深度融合舞蹈艺术和思政教育，职业院校可以更好地塑造学生的品格，为培养全面发展的社会人才做出积极的贡献。

二、文学在思政教育中的作用

（一）磨练学生的意志

大学思想政治教育中，引导学生阅读经典文学是一种行之有效的教学方法，具有显著的优势。文学经典中蕴含的丰富人生哲理更容易引起学生的共鸣，相较于传统的抽象思想政治教育，通过经典文学的阅读，学生更能直观地感受并理解作者的情感，从而更容易接受教育内容。这一方法不仅有助于提高教学质量，而且为学生提供了深刻的人生体验。以《史记》为例，要求学生阅读并分析其中的人物性格和成功与失败的原因，是一种深入挖掘历史智慧的方式。学生通过查阅相关资料，分析文学作品中每位历史人物的性格特点和处事方式，能够有效培养他们面对困难、解决问题的能力。在这个过程中，学生不仅了解历史人物的生平经历，更能从中汲取智慧，形成积极向上的价值观和处世原则。这种实践性的学习方式，为学生提供了更为具体的思想政治教育，使其在理论学习的同时能够更好地运用知识解决实际问题。经典文学作品中也蕴含着引人深思的内容，例如《史记》中的令人气愤的描写。通过阅读这一部分，学生的情感得到激发，激起对错误道路的反感和羞耻心理，从而磨练他们的意志力，引导其走向正确的人生方向。这种直观而深刻的影响，远远超过了抽象理论的传达。经典文学阅读作为大学思政教育的有效途径，不仅能够让学生深入理解思想政治理论，更能够在丰富精神世界的同时提高政治思想水平。选择适当的经典文学作品进行分析和研究，使学生在实践中更好地领悟理论，为他们未来更好的生活和发展奠定坚实基础。这一方法的成功实践不仅提升了教学质量，也培养了学生更为全面的素养，使思政教育更加具有深刻的影响力。

（二）传承传统文化，培养学生的责任意识

在当代社会的发展中，大学生的精神世界正逐渐受到多方面的冲击和侵蚀。随着社会的快速发展和生活水平的提高，人们的生活方式发生了巨大的变化，大学生们逐渐远离了传统的文学经典阅读，这一现象呈现出愈发严重的趋势。然而，文学经典中蕴含着丰富的人生哲理，通过品味经典，大学生有机会通过研究性学习来丰富自己的精神世界。不同的文学经典作品代表着不同时代的核心价值观，是体现某一时代杰出代表人物对于社会的文学贡献以及对社会、未来和人生的深刻思考。这些经典作品具有深远的文学价值，通过阅读和研究，大学生能够学习到作者的思想，逐渐提高自己的责任意识。尤其在大学思政教育中，传统的课堂教学形式可能因为内容的枯燥而难以引起学生的兴趣。因此，教师可以采用具有内涵丰富的经典文学作为一种思想政治教育的手段，以提高学生的精神世界。举例而言，通过要求学生阅读《楚辞》和《诗经》，教师可以讲述先秦文化的内涵，以适当的历史人物为例，对具有文学贡献的作者进行分析和研究。这样的教学方式不仅让学生领略和体会当时作者的心情，学习作者的精神，而且通过对经典文学的阅读，学生能够学习到优秀的传统文化，领悟作者的优点，逐渐改变处理事务的方式，提高责任意识。在进行思想政治教育时，教师还可以引导学生寻找自己喜爱的唐诗和宋词，并根据作者表达的含义分析这些作品具有的时代价值。在分析和研究的过程中，大学生能够领略作者

丰富的精神世界，促进对传统文化的传承，逐渐培养责任意识。在大学思政教育中使用经典文学阅读的方式，有助于在有限的时间内提高学生的精神世界。这种方式使学生对传统文化有更深层次的理解，培养和提升了学生的责任意识。因此，经典文学阅读在大学思政教育中发挥着重要的作用。

第二节 科学与技术如何服务于思政教育

一、科学推进设计类专业课程思政的可行路径

课程思政是高等教育主动适应新时代形势变化的必然要求。究竟该如何准确理解、把握并践行这一崭新课程观，这是当前所有专业课程改革中的重要理论问题。设计类专业作为高校传统专业板块，专业积淀深厚，现实应用广泛，实施课程思政独具优势。科学推进设计类专业课程思政，需要从以下几个方面狠下功夫。

（一）扭转观念，提升改革政治认同

观念是行动的先导，而任何一项改革都始于观念的更新。在推行课程思政的过程中，首要任务是明确设计类专业的意识形态属性。习近平总书记在2016年提出了高等教育的"四个服务"理念，要求所有专业教育都为人民服务、为中国共产党治国理政服务、为巩固和发展中国特色社会主义制度服务、为改革开放和社会主义现代化建设服务。尽管设计类专业门类繁多，涵盖工科和艺术等多个领域，但这个共同的政治服务方向是唯一而不变的，决定了设计类专业的鲜明政治属性。课程思政改革的目标之一就是引导专业教育主动调整育人的政治方向。需要明确设计类专业的育人价值。在人才评价中，一直以来都是以德与才两个标准进行衡量。单纯依靠知识传输而缺失道德与价值塑造的专业人才培养必然是残缺的、不完整的。尽管设计类专业的学生通常崇尚自由个性，具有丰富大胆的想象力和活跃的感性思维，但如果这些特质失去了理性价值的引导，就可能导致混乱与无序。通过课程思政的实施，可以为这些自由个性套

上理性缰绳，引导学生在知识习得和感知想象中培养崇高的审美情趣和严谨的专业精神，从而真正实现育人的价值目标．需要协助专业教师建立"大思政"意识。虽然设计类专业教师不同于思政教育的专业，但同样肩负着立德树人的天然职责。设计类专业教师作为专业人才的代表，需要重新审视自身的使命与责任，通过在德行上下功夫，以德立身、立学并立教，确保他们认同、支持并践行课程思政。只有如此，才能在设计类专业中实现育人目标，使学生在专业领域内既具备才华又具备正确的道德观念。通过明确设计类专业的政治属性、育人价值以及协助专业教师建立"大思政"意识，课程思政改革可以更加深入地融入设计类专业的教育体系，为培养具备综合素养的专业人才奠定坚实基础。

（二）聚焦目标，促进教学技能升级

课程思政的直接目标在于促使思政元素与专业知识实现深度融合，而这种融合远非简单的"拼凑"或"组装"所能达到的。实现思政与专业知识的有机结合需要教师具备更高水平的教学技能，这是提升设计类专业课程思政水平的重要一环。因此，为了有效推进这一目标，有必要着力提升教师的主体教学技能。需要帮助专业教师丰富并完善教学方法。传统的单一教学方式已不能满足当今学生多样化的学习需求。因此，教师应不断拓展自己的教学方法，采用多样化的教学手段，如案例分析、项目实践、小组讨论等，以激发学生的主动学习兴趣。通过这种方式，思政元素能够更自然、更深入地融入到专业知识的传授中，实现知识与道德的有机结合。需要注重提升专业教师的语言魅力，增强课程思政的感染力。语言是知识传播的关键工具，而教师的语言表达能力直接影响着学生对知识的接受和理解。为了提升语言魅力，教师可以通过增强表达能力、培养讲故事的艺术技巧、运用恰当的修辞手法等方式，使课堂更具感染力。通过生动有趣的语言表达，教师能够引导学生更深入地思考和理解课程内容，同时将思政元素融入其中，使学生在专业学科的同时感受到思想政治的引领。提升专业教师的主体教学技能是促使课程思政与专业知识深度融合的关键一步。通过多样化的教学方法和具有感染力的语言表达，教师可以创造出更富有活力和深度的教学环境，使学生在专业学科中培养出既有才华又具备正确价值观的全面素养。

(三) 优化保障，加强思政资源建设

构建课程思政资源库是课程思政建设中的一项关键而艰巨的任务，如同整个系统工程中的核心环节。一个优质的资源库能够为专业教学提供持续的思想营养和科学价值，为专业课程思政的高校开展提供充实保障。在构建资源库的过程中，需要明确课程思政中"思政"的外延，认识到其广泛而丰富的内涵，不仅仅局限于专业思政课程所涉及的马克思主义理论和原理。要清晰课程思政中的"思政"的含义。《纲要》明确将课程思政的现实价值界定为"帮助学生塑造正确世界观、人生观、价值观"。这表明课程思政的核心目标在于培养学生正确的人生观和价值观，而这并不仅仅偏限于马克思主义理论。因此，在构建资源库时，要广泛思考"三观"教育的来源，涉及的素材应该是广泛多样的。需要建立"大思政"视野。不仅要善于从专业视野发掘伦理与价值导向，还需要将眼光投注在专业之外，主动探究课程知识体系与外部现实世界的客观联系。这就意味着教师在建设资源库时，要超越狭隘的专业范畴，积极寻找与其他领域的交叉点，使知识价值与人的价值得以科学统一。

在资源库的建设中，可以通过以下几个方面来拓展素材来源：将不同学科领域的相关内容整合进资源库，形成多学科融合的素材，使学生更全面地理解知识与价值之间的关系。结合实际社会案例，引导学生通过对真实问题的思考，深化对人生观和价值观的认识，培养正确的社会责任感。收集与专业知识相关的名人名言和文学作品，通过名人的智慧和文学的表达引导学生思考人生的意义和价值。引入国际视野，收集国际上的先进理念和经验，促使学生拓宽思考层面，理解不同文化背景下的人生观和价值观。结合行业实践，收集相关的经验故事，让学生通过实际案例感受专业知识的实际应用与社会价值。通过以上途径，构建起的课程思政资源库将更加全面、多元，为学生提供更具深度和广度的思想引导，实现专业知识与思想政治教育的有机融合。这样的资源库将为专业课程思政的高效开展提供坚实的支持，为学生全面发展奠定基础。

二、人工智能技术驱动高校思政课教学模式创新的实现策略

（一）机制层面

为促进思想政治教育的发展，必须加强相关的法律和制度建设，建立适应人工智能（AI）发展的制度体系。在不断使用和发展 AI 的过程中，除了认识到其积极作用外，还应充分了解与 AI 技术相关的潜在危险，并采取预测、预防和制约措施，确保新一代人工智能能够健康、科学、可控地发展。在新时代的国家发展背景下，根据实际需要，制定适合思想政治教育的人工智能课程建设实践规范。在制定人工智能课程的同时，要保持与思政工作课程与必修学科分配相对平衡，完善必修课与人工智能思政管理选修的新课程体系。此外，需要不断完善对思政课教师的激励体系，使所有思政课教师都能够理解并肩负"立德树人"这一崇高使命，提高他们的身份认同感和价值荣誉感。选拔优秀思政教师，并将其纳入人才培养工程，积极实施思政工作课教师的福利待遇，特别是加大对优秀模范教师的表彰力度。通过这些措施，形成榜样示范效应，营造出良好的思政教育工作氛围。

（二）技术层面

为适应现代科技的发展，需要构建一套完善的智能思政平台，建立智慧思政体系，将意识形态与先进科学技术成功融合。精准思政的核心在于利用人工智能技术的算法，精准辨识学习目标，并根据学习需求推荐相应的体系化思政学习资源，使学习者能够随时随地提升思政学习效率。在这一过程中，可以建立"人工智能+思政课"的智库，将教育领域的权威专家和一线优秀教师纳入智库中。通过发挥智库的智慧属性，为将人工智能嵌入大学思政课的教学过程提供更多切实可行、具有操作性的建议。智库的专家和教师可以共同合作，提出针对性的策略，并高效解决在人工智能与思政课融合过程中可能出现的问题。这样的智慧思政体系将充分发挥科技的优势，提高思政教育的质量和效果。

（三）行动层面

在具体操作方面，必须对人工智能进行细致的管理，确保其正面效应充分发挥，从而积极促进大学思政课的教育改革。通过严谨而科学的管理，推动思想政治教育改革，同时防止改革可能带来的负面影响。为了更好地适应思政教育的发展和变革，提高对人工智能研究的认识至关重要。管理层面的工作包括提高教师的教育水平、沟通技能和数据处理能力，使得高校思政课变得更为生动有趣。通过提升教师的专业素养，使人工智能教学与传统思政课程有机融合，创造出更丰富、更引人入胜的学习体验。这将激发和提高高校思政课程教师的教育积极性和创造性，提高其教学能力，充分发挥其作为教育者和引导者的角色，实现立德树人的目标。

第三节 思政教育与社会科学的交叉

在"新文科"建设的背景下，学科交叉研究、跨学科研究、学科融合等日益成为科学研究的主要趋势。在这一大背景下，思想政治教育学科的交叉研究变得更为引人注目。思想政治教育作为一门综合性学科，其创设之初即以交叉研究为特色。随着近年来的发展，学科交叉研究已经不仅仅是思想政治教育学科的一种取径，更成为独立的研究领域。然而，在学科交叉融合成为科学研究的普遍趋势的今天，思想政治教育学科的交叉研究是否具有独特的学科使命是一个需要深思的问题。毕竟，对于一门自创设时就带有交叉特质的学科而言，思想政治教育学科进行交叉研究既是"大势所趋"，又具有"特殊意味"。从学科生成逻辑的角度来看，思想政治教育学科之所以自创设以来就具有交叉特质，是因为思想政治教育作为一门关乎人类社会思想和道德发展的学科，本身就需要综合运用哲学、社会学、心理学等多个学科的知识。思想政治教育学科的交叉研究不仅是对现有知识的整合，更是对多学科理论的深度融合，使得思想政治教育的理论更为全面和深刻。从学科现代化的角度来看，思想政治教育学科的现代化发展需要紧跟学科交叉融合的趋势。现代化不仅仅是技术手段的更新，更是知识体系的升级。思想政治教育学科交叉研究的推动，使得该学科在现代知识的整合和拓展方面更具活力，有助于应对当代社会快速变化的挑战。从学科知识生态的角度来看，思想政治教育学科交叉研究能够构建更为丰富的学科知识生态。通过与其他学科的交叉，思想政治教育学科不仅能够吸收其他学科的成果，也能够为其他学科提供独特的视角和理论支持，形成互为补充、互为促进的学科知识生态系统。从学科知识功能的角度来看，思想政治教育学科交叉研究的独特使命在于拓展学科的知识功能。交叉研究能够使得思想政治教育的理论更具前瞻性，更好地服务于社会发展和人类进步的需要。通过与其他学科的互动，思想政治教育学科的知识功能不仅在于培养人才，更在于为社会提供深刻的理论引导和政策建议。思想政治教育学科交叉研究的独特学科使命体现在学科生成逻辑的整合、学科现代化的推动、学科知识生态的构建以及学科知识功能的拓展等多个维度。在当今科学研究的大背景下，思想政治教育学科交叉研究不仅是学科发展的必然选择，更是对学科自身独特性的充分发挥。通过深化对这些规律性认识，可以更好地提升思想政治教育学科的科学化水平，为学科未来的发展提供更为坚实的基础。

一、促进思想政治教育学科知识生产

近年来，思想政治教育学科交叉研究受到高度关注，呈现出不断增长的学科自觉，同时也孕育了许多研究成果。回溯思想政治教育学科的发展历程，越来越多的研究者逐渐认识到，学科交叉研究不仅仅是简单的"知识借鉴"，更是涉及思想政治教育学科知识生产的本质规律与实践规律的理论命题。学科交叉研究在推动思想政治教育学科知识生产过程中发挥着重要的作用。随着思想政治教育学科步入科学化发展的征程，学科交叉研究逐渐受到独立关注。思想政治教育学科发展相对成熟的标志是形成了若干稳定的研究领域，"这些研究领域从学科初创时就已经基本形成，至今仍然相对稳定"。其中包括"思想政治教育跨学科研究"。总体来说，现有的思想政治教育学科知识可以划分为"史""论""法""比较""交叉"等不同类型，其中的"交叉"指的是通过学科交叉研究形成的思想政治教育交叉学科（群）。早在2007年，张耀灿在构建"思想政治教育学科原理体系"时，就提出了"发展完善分支学科体系"的主张。多年来，学科交叉研究逐渐成为相对独立的研究趋势，通过借鉴多学科的知识成果，形成了许多交叉性的学术论域，也催生了一批思想政治教育分支学科。因此，"思想政治教育学科交叉研究已经形成了相对稳定的研究图景"，在思想政治教育学科知识体系中具有重要地位。

二、助力现代思想政治教育的学科演化

学科现代化是新时代思想政治教育学科建设的关键任务，也是提升思想政治教育学科科学化水平的不可或缺的步骤。自20世纪80年代以来，"思想政治教育科学化"成为学术界关注的命题，其核心任务是将中国共产党思想政治工作的实践经验提升为规律性的科学知识，并逐步使该学科具备自治地位，展现科学精神，从而塑造成为具有现代特征的学科。从知识的形态来看，思想政治教育学科的现代化和科学化要求将其知识从"经验知识"向"科学知识"转变，打造成为能够服务现代社会的现代思想政治教育学科。学科作为现代科学知识领域的表现，代表了人类认知走向专业化和领域化的趋势。恩格斯以自然科学为例，揭示了在生产力发展和社会分工推动下，人类知识领域逐步实现专业化的历程。他指出："经验自然科学积累了如此庞大数量的实证的知识材料，以致在每一个研究领域中有系统地和依据材料的内在联系把这些材料加以整理的必要，就简直成为无可避免的。建立各个知识领域互相间的正确联系，也同样成为无可避免的。"社会生产力的进步和科技的发展使得依赖于生活感知和经验积累的传统知识逐渐被现代社会"分科的原理形态知识"所取代。这种专业化的知识聚焦于特定的研究领域，奉行专业化的研究范式，并遵循独立的思考逻辑。这种专业知识成为现代学科知识的基本特征，其特质是"领域性的，应用于某些领域而不是其他，成为当前与未来专业知识的来源"。

在思想政治教育学科中，实现现代化和科学化要求将其知识从依赖于经验的经验知识转变为基于科学原理的科学知识。这意味着思想政治教育学科要在理论体系、研究方法、教学手段等方面实现现代科学的水平。通过规范化、理论体系的完善、研究方法的创新，思想政治教育学科能够更好地服务于现代社

会的需求，发挥其在培养人才、引领思想文化、推动社会发展等方面的功能。因此，思想政治教育学科现代化和科学化的努力是一个不断推进的过程，需要不断追求知识体系的创新和完善，以适应时代发展的要求。

三、营造合理的思想政治教育学科知识生态

从知识论的角度看，思想政治教育学科知识呈现为一种既相对独立又具有开放性的体系。目前的思想政治教育学科知识主要分为"论""史""法""比较""交叉"等多种类型，它们从不同维度，如概念性、过程性、技术性、比较性等，对思想政治教育进行深入把握。这些知识类型既是相对独立和专门化的学科知识，同时构成了一个生动而有机的知识体系，共同勾勒出思想政治教育学科整体的知识图景。生态学的方法有助于揭示思想政治教育学科知识的呈现状态与基本特征。生态学作为一种研究方法、思维或视角，可用于对思想政治教育进行观照和探究。这种分析方法同样适用于学科交叉语境下思想政治教育学科知识的交互性和有机性。思想政治教育学科知识的相对独立性表现在不同知识类型间的专门化和独特性。例如，"论"关注概念性知识，强调理论体系的构建；"史"侧重于过程性知识，突出历史发展的脉络；"法"注重技术性知识，强调操作方法和实践手段；"比较"关注比较性知识，强调跨文化和跨国比较；"交叉"突出多学科融合，强调知识的交叉与整合。生态学的观点有助于理解这些知识类型之间的相互依存和相互作用。生态学强调生态系统中各个元素之间的相互关系，类比到思想政治教育学科知识体系中，可以理解为不同知识类型之间存在相互依赖和互补的关系，形成一个相对平衡的生态系统。这种综合性的视角有助于更好地把握思想政治教育学科知识的整体结构和发展趋势。

从生态学的角度来看，思想政治教育学科知识是由多种类型的知识构成的，呈现为一种既相互独立又相互联动的"生态环链"。这体现为思想政治教育学科知识生产过程中各知识要素和组织环节呈现的"纵向的前后承续生态关系"，同时也表现为思想政治教育学科知识与其他学科知识互动构成的"横向的周围牵制生态关系"。只有在由各门学科知识交互作用构成的开放性思想语境及"知识流"中，才可能塑造出合理的、开放的思想政治教育学科知识生态。在"纵向

的前后承续生态关系"中，各类思想政治教育学科知识要素和组织环节相互依存，形成了一种纵向的生态链。例如，在教学环节中，理论性的"论"知识需要结合历史性的"史"知识，而在实践中又需要运用技术性的"法"知识。这种相互承续的关系使得思想政治教育学科知识生态更加完整和有机。在"横向的周围牵制生态关系"中，思想政治教育学科知识与其他学科知识相互交织，形成了一种横向的生态关系。例如，在跨学科研究中，"比较"知识可能需要结合心理学、社会学等相关学科知识，形成一种横向的交叉关系。这种周围牵制的关系丰富了思想政治教育学科知识的内涵，使其更具广度和深度。这种开放性的思想语境及"知识流"使得思想政治教育学科知识能够更好地适应社会变革和知识更新的需求。不同类型的知识之间相互关联，形成一个相对平衡的生态系统，从而促使思想政治教育学科知识的持续发展。这种生态视角有助于我们更好地理解和推动思想政治教育学科知识的发展和演变。

第七章　高校思政教育的社会责任

第一节　高校与社会公益事业的合作

一、公益教育的内涵特点认知分析

公益教育，指的是通过常规性公益生活理念的具体参与，切实有效的培养学生自身的公益意识和人文思维，通过规范性引导学生形成必要的公益行为，培养学生形成积极参与公益事业的精神。当然，在这一过程中，也有效培养学生系统化的责任心态和人文理念。公益教育活动的内涵极为丰富，其中包含了学生参与、公共服务、社会责任等多样化内涵，将学生思维理念的优化培养与知识教育活动相结合，实现家庭教育与学校教学之间的多元、立体、联动化教育。

公益教育并不是一种常规性教育活动，或者我们不能用知识教育来认知该活动，尤其是不能将学生公益教育局限在课堂之中，通过打破传统的思维界限，让公益教育与学生成长之间能够真正实现融合。公益教育更多是一种思想理念的教育，尤其是要通过提升学生的思维认知，实现公益教育的理想实施。公益教育同时也一种课堂外的实践教学，学生只有在具体的课外实践之中，积极参与，才能实现公益教育的价值理解与行为感知。

二、公益教育与高校思政教育相结合的实施意义

公益教育旨在通过积极参与常规性公益活动，切实培养学生的公益意识和

人文思维。这种教育形式通过规范引导学生形成必要的公益行为，培养他们具备积极参与公益事业的精神。在这个过程中，公益教育还能有效培养学生系统化的责任心态和人文理念。公益教育的内涵非常丰富，包含了学生的参与、公共服务、社会责任等多方面的内容。通过将学生思维理念的优化培养与知识教育活动相结合，实现了家庭教育与学校教学之间的多元、立体、联动化教育。值得注意的是，公益教育不是一种常规性的教育活动，无法仅通过知识教育来认知。特别是不能将学生的公益教育局限在课堂之中。为了真正实现融合，我们需要打破传统的思维界限，将公益教育与学生成长有机地结合起来。公益教育更多是一种思想理念的教育，其目标是通过提升学生的思维认知，实现公益教育的理想实施。此外，公益教育也是一种课堂外的实践教学。只有在具体的课外实践中，学生积极参与，才能真正理解公益教育的价值并将其内化为行为习惯。

三、融合公益教育创新高校思政教育模式的具体机制

结合公益教育的价值内涵和实施特点看，这正是能够被融入和应用于整个思政教育活动的重要内涵。

（一）积极组织公益活动，激发思政教育活动的创造性，丰富学生的思想内涵

公益活动具有多种价值和实践特点，可以全面提升学生的参与性。通过丰富具体的思政教育素材和内涵，公益活动能够使学生对思政教学内容产生深度推崇。组织学生积极参与公益活动，让学生在实践中获取具体的思想感悟，传承和发扬传统文化和优良传统，有效解决了过去思政教学活动的"孤立化"不足。在学生组织公益活动的过程中，学生的创造性得以激发，真正实现了学生思维理念的提升与进步。公益活动为学生提供了一个展示和发挥自己才能的平台，培养了学生的组织能力、团队协作精神以及解决问题的能力。通过实际行动，学生更容易理解并深刻体会到思政教育中所强调的价值观念，使这些观念不再停留在理论层面，而是融入实际生活中，产生更加深远的影响。公益活动

也为学生提供了更广泛的社交平台，促使学生拓展社会视野，增强社会责任感。通过参与公益活动，学生能够更好地理解社会的需求，培养出更为综合和实用的能力，这正是新时代思政教育所倡导的培养具有全面素养的社会主义建设者和接班人的目标。因此，公益活动作为一种思政教育的有机组成部分，不仅提升了学生的参与性，同时也为其全面素养的培养做出了积极贡献。

（二）立足时代诉求，将公益教育与思政教学"融为一体"

公益教育不仅仅是一种教学视角，更是倾向于人文理念和奉献精神的教育活动。在当前时代背景下，随着核心价值观教育的推进，越来越多的人愿意为公益事业奉献，使得公益成为一种生活方式，公益事业也成为社会风尚。在这一大背景下，立足于传播公益理念、注重培养公益人才成为社会发展的新需求。因此，将系统化的公益教育活动纳入高校人才培养过程，不仅是教学内容的丰富表现，更是对时代需求和学生培养要求的教学创新。结合高校思政课的实施特点和价值，将公益教育与高校思政教学相结合，必然能够在培养学生形成相关知识的同时，培养必要的人文精神思维。公益教育强调奉献精神，在不追求任何回报的前提下，培养学生形成积极的奉献理念，愿意为公益事业服务。学生在积极参与公益事业的过程中，实现了自身思想理念的优化与提升。通过亲身参与公益活动，学生能够更深刻地理解社会的需求，提高社会责任感，培养团队协作和领导能力，全面提升综合素养。因此，高校引入公益教育，不仅能够满足社会对公益人才的需求，也有助于学生德智体美劳全面发展。

第二节 学生社会责任与思政教育

一、大学生缺乏责任意识原因分析

（一）思想政治教育不彻底不及时

在当前思想政治教育变得愈发重要的时代，思想政治教育的大纲却似乎停滞不前，仍停留在较为传统的阶段。这使得思想政治教育课程难以真正解决学生现代思想问题。此外，高校思想政治教育者的教育方式仍然停滞在机械地照本宣科上，缺乏对教学实际和学生实际情况的深入思考。缺乏对学生的深入了解以及对时代变化的敏感性，使得思想政治教育更像是为了教育而教育，而非为了解决学生思想问题而教育。思想政治教育的大纲需要更加贴近时代和学生的需求。当前社会飞速发展，学生面临的思想问题也日新月异。因此，思想政治教育的大纲应该及时更新，更好地适应社会发展和学生思想的多元化。大纲的设计应当融入当代热点问题、社会现象，使其更具吸引力和实用性，引导学生更好地理解和思考当下的社会、文化和政治问题。

高校思想政治教育者应当摆脱传统的教学方式，更注重启发性教学和问题导向。传统的照本宣科式教学模式容易使学生产生抗拒情绪，难以引发他们的兴趣。教育者需要更深入地了解学生的需求和思考方式，通过启发性的教学方法，引导学生主动思考，培养批判性思维和创新意识。教育者还应该善于运用现代科技手段，创造更具互动性的教学氛围，提高学生参与思政教育的积极性。高校思想政治教育者需要更加注重个性化教学，因材施教。不同学生在思想认知、价值观念方面存在差异，因此，教育者应当通过了解每个学生的个性、兴趣和特长，有针对性地进行思政教育。采用差异化教学策略，使得每个学生都能够在思政课堂上找到与自己相关的内容，增强学习的主动性和深度。现代社会对思想政治教育提出了更高的要求，需要更灵活、更具针对性的教学方式和内容设计。思想政治教育者应当与时俱进，积极探索创新，使思政教育更好地服务于学生的成长和社会的发展。

（二）家庭教育不到位、不彻底

孩子的成长过程中，父母的角色至关重要。家庭教育直接影响着孩子的行为和思想发展。然而，随着社会的进步和生活水平的提高，一些现实因素如独生子女政策等，也带来了一些新的挑战和问题。父母在物质条件优越的情况下，有时候会过度宠溺孩子，导致孩子丧失了主动承担责任的意识。随着社会经济的进步，许多家庭的物质生活水平得到了显著提升。这种物质上的富裕使得父母更容易满足孩子的物质需求,从而陷入一种过度宠溺的状态。孩子在物质上得到满足的同时,也可能失去了对于努力和责任的追求。他们可能缺乏在面对挫折时坚韧不拔的品质,因为在过去的生活中,他们很少面临困难和挑战。

独生子女政策的实施使得许多家庭只有一个孩子。这样的家庭结构让孩子成为家庭的焦点,他们往往成为父母宠爱的对象。由于没有兄弟姐妹之间的竞争和合作,孩子可能缺乏学会与他人相处和分享的经验。在家庭中,孩子可能会变得过于依赖父母,缺乏独立思考和解决问题的能力。这种过度宠溺对孩子的成长带来了一些负面影响。首先,孩子可能会形成依赖心理,对于面临的问题缺乏应对能力。当他们离开家庭走向社会时,可能会面临适应困难。其次,过度宠溺可能会导致孩子自私自利的性格特征,缺乏与他人合作和分享的意愿。最终,这种家庭教育方式可能影响孩子的人际关系和社会适应能力。为了更好地引导孩子成长,父母需要认识到过度宠溺的问题,并采取相应的教育方法。首先,父母应该建立清晰的家规,教育孩子懂得承担责任和独立思考。其次,通过适当的家庭安排,培养孩子的团队合作意识和分享精神。最重要的是,父母需要在关爱的同时,给予孩子适当的压力和挑战,帮助他们培养面对困难时的勇气和毅力。通过这样的努力,父母可以更好地引导孩子成为有责任心、独立自主的人。

(三)社会对于大学生群体的影响

互联网和移动多媒体技术的迅猛发展带来了信息传播的革命,学生获取信息的方式变得更加多样化和便捷化。然而,这也意味着思想政治教育面临了新的挑战,传统的教学模式可能已经不再适应学生当下的需求。思想政治教育课程在理念和教学案例方面的滞后,使得学生在面对庞大而复杂的信息时,缺乏有效的思考和判断能力,容易受到外部信息的冲击,产生思想观念上的混乱。互联网时代下,学生接触到的信息源更为广泛,内容更为多元。传统的思想政治教育案例可能无法贴近学生的实际生活,使得学生难以在抽象的概念中找到对应的实例,从而产生思想教育课程脱离实际的感觉。在这种情况下,思想政治教育课程需要更加注重结合时事和学生日常经验,引导学生将抽象的思想观念与实际生活相联系，形成对于思政知识的深入理解。

传统的思想政治教育方式往往以简单的说教为主，缺乏与学生互动的元素。在互联网时代，学生习惯了多媒体信息的呈现方式，对于传统的单向灌输模式可能感到枯燥乏味，缺乏吸引力。因此，思想政治教育需要借助现代科技手段，采用多样化的教学方法，例如利用互动式课堂、虚拟实境技术等，提高教学的趣味性和互动性，使学生在学习过程中更加主动参与，更好地理解和接受教育内容。互联网时代下，信息更新速度飞快，学生容易受到大量信息的冲击，导致思想观念的混乱。思想政治教育需要更加及时地关注社会热点、时事问题，引导学生正确看待信息，培养学生辨别信息真伪的能力。教育案例也需要更贴近学生生活，关注他们的需求和关切，使思政教育更具亲和力和实际指导性。在互联网时代，思想政治教育要更好地适应学生的信息获取习惯和思维方式，通过创新教学方式、丰富案例内容、关注时事热点，使思政课程更加贴近学生的实际需求，更好地引导学生形成正确的思想观念。只有在紧跟时代潮流、创新教学理念的同时，思想政治教育才能更好地发挥其教育功能，引领学生成长。

二、培养学生责任意识的路径探究

（一）深入调研，了解学生实际

在高校进行思想政治教育时，对学生的全面了解是确保教育有效性的重要前提。为此，建立学生调查档案是一项必要的工作。通过对学生平时日常活动和前期观察的记录，构建相应的统计资料，以数据为支撑，有的放矢地展开思想政治教育工作，真正解决学生的实际问题，使思想政治教育更加贴近学生的需求。学生调查档案可以记录每位学生在主体课上和课下的表现。这包括学生在课堂上的参与程度、表达能力、对思政知识的理解深度等方面的表现。通过这些记录，教育者可以更全面地了解每个学生的学业水平和思想观念，为个性化的思政教育提供依据。定期组织学生参与有针对性的讨论活动。通过讨论，可以发现学生在特定问题上的观点和看法，从而更好地了解学生的思维方式和认知水平。这也为后续的思政教育工作提供了重要线索，帮助教育者更准确地把握学生的需求和困惑。安排学生针对思想政治教育谈体会和认识是另一种了解学生的途径。通过学生的主观体验和认识，可以深入了解学生对思政教育内容的理解和感受，发现其中的认识偏颇和问题。这为教育者提供了宝贵的信息，有助于调整教学策略，更有效地引导学生。建立一个素材库，汇总学生的体会、认识和讨论结果。这个素材库可以作为教育者在后续工作中的参考资料，丰富了解学生的途径，同时也为构建更具针对性和实效性的思想政治教育体系提供了素材基础。通过建立学生调查档案，教育者能够更深入、全面地了解学生，更有针对性地进行思想政治教育工作。这种个性化、因材施教的方法有助于提高教育的有效性，培养学生的思想觉悟和社会责任感。

（二）引入家庭教育行为指导分析

针对学生的家庭环境进行深入分析是思政教育中的一项重要工作。通过将学生与父母的日常生活行为案例引入课堂，运用思政教育的观点对其进行客观评价，可以帮助学生从不同的角度审视自己的家庭责任行为，促使他们对家庭关系有更深刻的认识。在分析特殊案例时，需要建立双向评价机制，包括教师评价和学生自评。通过双向评价，可以更全面地了解学生的家庭责任行为的表现，从而找出问题所在。同时，要深入分析学生责任意识或行为不当的表现机理和归因，探讨可能的改善路径。这有助于学生认识到自身行为的影响和潜在问题，为改善提供指导。学生从第三视角审视自身的家庭责任行为，需要在课堂上进行深入讨论和引导。通过教师的指导和同学们的交流，学生能够更客观地对自己的行为产生终极评价，并更清晰地认知父母的溺爱行为。这种思政教育的方式不仅帮助学生认识到自身存在的问题，也提供了改善的契机。在学生认识到自身家庭责任行为存在误区或偏差后，可以在校内外广泛开展亲子公益活动，并邀请学生家长参与。这样的社会公益性活动可以为学生和家长提供一个共同成长的平台，促进他们在互动中更好地理解和沟通。通过亲子公益活动，学生能够在实践中明确家庭责任的表现形式，逐渐形成健全的家庭与社会责任的承担意识。通过深入分析学生家庭环境，建立双向评价机制，引导学生从第三视角审视自身的家庭责任行为，并通过亲子公益活动促进家庭关系的健康发展，可以有效推动学生形成更为健全的家庭与社会责任的承担意识。这种思政教育方式有助于学生全面成长，培养积极向上的人生观和价值观。

（三）重视理论引导和实践启发

当前国内高校思想政治教育仍然以室内课程为主，学生在课堂上学到的是理论知识，但在现实生活中却难以应用。这造成了一个普遍存在的问题：学生难以将理论知识与实际经验有机融合。因此，急需采取措施解决这一问题。培养学生社会责任意识的有效途径之一就是让学生参与社会实践活动。通过参与社会实践，学生可以在实际生活中感受到理论知识的实际应用，认识到理论与实践之间的差异，从而更好地修正和调整自己所学的理论。这有助于实现"知行合一"的目标，使学生能够更深入地理解和接受思想政治教育的内容。思想政治教育工作者在这一过程中也发挥着关键作用。他们应当认识到自己不仅是课程的讲授人，更是学生的榜样。因此，教师应该从自身做起，充分重视自己的言行举止。通过言传身教，树立一个有责任、有担当的长者形象。这样的教育方式能够激发学生内心的动力，使他们更好地理解和接受思想政治教育，培养出更强烈的社会责任意识。通过引入社会实践活动，高校思想政治教育可以更好地将理论知识与实际生活相结合，培养学生的社会责任意识。同时，教育工作者的言行也至关重要，他们的榜样作用能够在学生中产生深远的影响，推动思想政治教育取得更为积极的效果。

第三节　高校在公共领域的参与与贡献

一、内在意涵：高校课程思政教学的"公共使命"

何谓公共使命？它是指承担公共角色的群体肩负的责任，公共使命强调群体对公共责任的自觉意识与认同。教师作为社会中的教育者角色，担负着教书育人的公共使命，同时教书与育人也是教师群体的公共责任自觉。正如佐藤学所言："教师职业乃是公共使命尤为重大的职业"。在高校实施课程思政的背景下，教师的教学工作指向一种时代的公共性。所以，课程思政的教学承载着提升社会公共福祉的愿景。

（一）高校课程思政教学"公共使命"的哲学依据

在马克思主义哲学的语境中，公共性为高校课程思政教学的"公共使命"提供了理论基础。"公共性"的概念源于马克思对人类社会的深刻思考，其核心价值愿景贯穿于马克思的哲学思想。以下是马克思主义哲学中"公共性"思想的主要要点：公共性的核心内容在于公共利益。马克思认为，公共利益是"自私利益的交换"中产生的，存在于各方的独立之中。为实现公共利益，公民需要具备公共德性、公共理性精神以及公共参与能力。这强调了在个体追求私人利益的同时，必须通过共同的交往实践来实现公共利益。人类作为公共存在的方式。马克思认为，社会与个体的关系不可避免地涉及到一种共同体形式，这种共同体是人类的存在方式。这种存在方式蕴含着社会为基础的共生、共在的公共理性。这表明，在公共生活中，个体需要考虑"他者的维度"，并通过与他者的交往实现"自由人联合体"，将公共理性超越私人和家庭的限制，转向对国家、社会和他人的公共关怀。公共交往实践是实现公共理想的路径。马克思指出，"对人的一切行为，都必须是现实生活的、与国家意志的对象相符合的特定表现。"这意味着在社会公共生活中，需要形成交往主体之间的共同理念和行为规则。只有通过积极的、多元化的公共交往与实践，每个社会公民才能真正实现具有"公共性"的社会图景，达到超越市民社会的国家理想。马克思主义哲学中的"公共性"思想为高校思政教学提供了理论依据，强调了在个体追求私人利益的同时，通过公共交往实践来实现共同的公共利益，实现了社会公共理想。

（二）高校课程思政教学"公共使命"的内在意涵

实现人的公共性是高校课程思政教学"公共使命"的核心价值目标。公共性的各个维度，如公共道德、公共精神、公共利益、公共理性等，都是课程思政话语中的重要元素。本文基于马克思主义哲学中的公共性思想，以人作为一种公共存在的方式，通过公共交往实践来实现社会的公共利益图景。在这一框架下，我们将从公共德性、公共理性、公共参与三个维度来阐释课程思政教学公共使命的内涵。从个体的维度来看，课程思政教学的公共使命在于培养具有公共德性的人。思政课程通过学科课程为载体，承担了一定的精神塑造和价值观教育的责任。其目标是使学生在公共道德规范、公共道德义务以及社会公共角色中实现道德自觉。这意味着要培养学生具备爱国、诚信、友善、宽容、尊重等公共美德，使其成为真正具有社会责任感和道德担当的公民。

从社会的维度来看，课程思政教学的公共使命在于涵育具有公共理性的人。思政课程应当培养学生超越个体的公共理性，基于公共生存的视角来看待与社会、国家的关系。通过强调社会主义核心价值观的公共精神，培养学生具有公共意识，涵养中华优秀传统文化的公共文化自信，追求公共福祉、社会正义。这意味着学生在公共生活中能够用公共理性审视和解决社会问题，发扬公共精神，形成符合社会主义核心价值观的公共情怀。从个体与社会的关系来看，课程思政教学的公共使命在于塑造具有公共参与能力的人。公共参与是公民通过各种合法途径表达利益诉求、影响公共活动及公共决策的社会政治行为。课程思政的公共性向度要求公共参与以公共道德为标准，以公共理性为依托。学生应主动融入社会主义的公共生活，对他人、国家予以公共关怀，并通过公共行动成为社会公共事务的建设者、贡献者。只有通过这种方式，才能促成社会公共利益的实现。课程思政教学的公共使命是全面培养学生的公共德性、公共理性和公共参与能力，使其在公共生活中成为具有社会责任感、道德担当和公共意识的时代新人。这是实现人的公共性、社会的公共利益的关键路径。

二、实然困境：高校课程思政教学的公共性审视

高校课程思政教学的公共使命在于追求实现新时代中国特色社会主义话语中人的公共性，旨在培养具有公共德性、公共理性与公共参与能力的现代社会公民。然而在现实的课程思政教学之中，教学的公共使命存在三重背离的现象。

（一）公共道德引领失位：课程思政教学的本质"被遮蔽"

高校课程思政教学的本质是立德树人，这体现在专业课程的视角，通过专

业课程来衡量课程思政教学的道德本质以及在教学实践中的行为操作。当前的课程思政教学存在一些问题,主要表现在外部向度和内部向度的失衡,导致知识与思政育人之间的分离。在外部向度上,高校课程思政教学倾向于强调知识的自然属性,导致课程知识教学与公共道德旨趣相分离。课程思政的教学应该使个体从"私事化"转向具有公共德性的人的培养。然而,当前的教学过程中更加关注学生的专业知识和科研能力,使得知识和思政内涵的一致性被剥离。这导致专业课程所承载的道德意蕴无法通过教学转化为学生的公共性认知。比如,在机械类专业中,教师强调系统性、原理性的学科知识,而忽视了家国情怀、科学精神等思政育人的方向。在内部向度上,高校课程思政的教学过于封闭在专业化的知识符号中,隐性的公共德性元素无法得到彰显。专业课程内容是课程思政实施的关键环节,同时也是公共道德元素的表征。然而,教学过程中专注于传授学科和专业知识,却没有满足学生对公共道德的需求。这使得知识的符号表征意义凸显,而对知识道德深层意蕴的探寻不足。这样的知识本位的教学容易导致对公共道德规范的曲解,甚至陷入道德相对主义的困境。高校课程思政教学需要在知识传授的同时,更加注重知识和公共道德的一致性。教学过程应该平衡专业知识与公共德性的培养,使学生既能够掌握专业技能,又能够形成正确的价值观和职业信念。此外,教学内容要充分体现公共德性元素,满足学生对公共道德的真实诉求。通过调整教学理念和方法,实现知识与公共德性的有机结合,才能更好地发挥高校课程思政教学的本质作用,培养德智体美全面发展的社会主义建设者和接班人。

(二) 公共理性精神消解:课程思政教学的技术理性"主导化"

高校课程思政,作为国家意志的体现,要求所有课程都融入思政建设,全面、系统地反映社会主流的价值观。在教学中,需要坚持个体性和公共性、知识性和价值性相统一的原则,使课程思政在构建普遍性的价值秩序基础上,促进全社会的价值共识,最终实现超越个体理性的公共理性。然而,当前高校课程思政的教学过程中,存在基于技术理性的教学,公共理性的培育处于"边缘地带",公共理性精神被消解的问题。高校课程思政的教学过程中,技术理性占主导地位。这表现在过于强调知识的传授和专业技能的培养，而对于公共理性的培养关注不足。教学更注重学科知识和专业技能的传授，而忽略了对学生公共理性的引导和培养。这使得学生在专业知识上能力突出，但对于社会公共事务的思考和参与能力相对较弱。课程思政在这一过程中没有充分发挥引导学生形成正确的价值观和社会责任感的作用。公共理性的培养处于"边缘地带"。高校课程思政应当致力于培养学生具有公共德性、公共理性精神，使其具备面向公共事务的综合分析和判断能力。然而，由于过度强调技术理性，导致公共理性的培养显得较为薄弱。学生在课程中难以形成关于社会问题的全面思考，对于公共事务的态度和看法相对狭窄。这使得学生的思考更倾向于狭隘的个体理性，而非全社会公共理性的观念。公共理性精神被消解。在当前高校课程思政的教学中，公共理性精神往往被其他目标所淡化，学生对于社会公共事务的关注程度不够。这表现在学生过分关注个人的专业发展和技术能力，而对于社会问题的积极参与和贡献较为缺乏。公共理性精神被消解的结果是，学生的思考和行动更加个体化，难以形成真正的公共理性观念。高校课程思政的教学需要更加注重公共理性的培育。在传授专业知识和技能的同时，应该引导学生形成广泛的社会视野，培养公共事务的参与意识，强调社会责任感和价值观的塑造。通过调整教学内容和方法，实现技术理性和公共理性的平衡，才能更好地实现高校课程思政教学的"公共使命"。

高校课程思政的教学，在技术理性的支配下呈现出一种控制性的特征，而思政育人的公共理性却在这一过程中被相对搁置。约翰·罗尔斯认为，公共理性的有效建立需要以厚实的规范政治观念为基础。当前高校课程思政的教学目标在社会维度上强调维护中国特色社会主义政治制度的公平正义，以及构建和谐社会的公共法则和公共价值等公共理性精神。然而，在实际教学中，育人的公共理性原则未能得到充分阐释，更多地衍生了个体化生存和竞争性思维的教学方式。美国学者亨利·吉鲁提出了两种教育模式，即技术理性和解放理性。技术理性下的课程思政教学更注重教师运用既定方式和手段提高教学水平，过多关注目标控制、科研管理和机械程序训练。在这种模式下，教学过程缺乏对社会现实的关切，思政元素的挖掘和渗透不足。弗莱雷的教学隐喻形象地描述了技术理性支配教学的情境，将教学比作一种存储行为，而学生则成为保管人，教师是储户。这种模式下，知识和技术成为压迫人的异己力量。

在现代生活中，个体化生存逐渐成为主导，人们更关注自我，公共精神受到了阻抑。大学生在追求个体自由的过程中，往往缺乏对现代社会的公共制度、公共秩序和公共文化的认同。作为培育公共理性的载体，课程思政面临理性贫困和价值失语的困境。因此，高校课程思政需要回归到教学的解放理性，改变教学实践中公共目的不够突出、方向性不明确，呈现分散化和原子化的状况，以强化学生公共理性精神的培育。这可以通过调整教学内容和方法，确保公共理性的培养得到更为充分的体现。

高校课程思政的教学存在一个问题，即忽视了大学生对公共理性认知的考量，缺乏"思政"的逻辑秩序与社会品质。学生对于公共理性的认知规律表现出成长阶段的顺序性、阶段性和关联性，因此，课程思政的教学规律应与学生的认知逻辑相匹配。

在当前的教学实践中，由于技术理性的控制，课程思政往往在政治说教中失去了蕴含的公共理性精神。教师以教条化的方式将思政知识灌输给学生，缺乏思政元素的层次性和深刻性。例如，大学生理应以理论升华与具体实践相结合的方式来理解中国特色社会主义，通过中国故事、治理方案等引领并形成社会价值认同。然而，教学方式的线性化、简单重复以及枯燥无趣的表达方式，违背了大学生的公共理性认知规律。教学内容没有实现由浅入深、由理论到实践的螺旋上升。课程思政的教学内容中社会品质意蕴不足，没有将思政话语表达放置于更宏大的社会视野内。教师较少关注社会品质在公共理性教育中的融入，理论的说服力和现实的解释力停留在浅层阶段，弱化了专业课程孕育的公共理性能量。教师将思想政治教育以形式化的方式添加到专业课的教学中，使课程思政成为与思政课程同质化的"类思政课程"，未能释放专业课程本身的人文情怀与社会关怀。

（三）公共参与能力悬置：师生之于思政教学生活的"沉默性"

高校课程思政具有显著的公共性实践特征。无论是在实施课程思政的场域还是教学活动的形式中，都蕴含着相当程度的公共性。公共生活被认为具有"道德—理性—行动"的功能链条。通过课程思政这一重要途径，可以促使大学生培养公共德性，然后通过公共理性走向公共参与，最终成为完整的现代社会公民。由于教学中知识教学的本质被遮蔽，技术理性主导的现象，学生个体的公共德性培养与社会层面的公共理性精神并没有得到充分的阐释。在这种背景下，教师与学生在公共生活中的公共参与表现出一种"沉默性"。在高校课程思政的实践中，应该重视公共性的培养，使其真正发挥"道德—理性—行动"的功能。教师在知识传授的同时，应该注重培养学生的公共德性，引导他们理解和践行公共道德规范。通过深入的思政教学，学生能够更好地理解社会的公共理性，形成积极的公共参与态度。这有助于学生更好地融入社会生活，参与社会建设，成为有责任感的现代公民。同时，教学过程中要避免技术理性的单一支配，注重知识与价值的统一。通过引导学生思考伦理道德、社会责任等问题，使课程思政更好地发挥其公共性实践的作用。通过这样的教学方式，可以激发学生的思考意识，使其更好地理解公共生活的复杂性，从而更好地参与到公共事务中。

高校教师角色的身份认同"去公共性"，使课程思政的教学偏离公共参与的实践取向。美国学者普里亚斯等人，在《教师是许多东西》一书中用"引路人""教学者""榜样""探索者"等20余种身份角色来具体阐释教师的社会责任。高校教师在课程思政教学的公共性理念下更加集中表现为一种"使人现代化、公共化"角色定位。但是，高校教师在科研和教学二者之间无法达到平衡，部分教师将杠杆偏向专业性的科研工作，教学工作变成了一项是"私事化"的事业，教师是知识的阐述者和单向度的人。从而，课程思政的教学偏离了其育人的公共属性与公共使命。在课程思政理念下的公共参与应该是指向社会主义"公共善"的行动表达。然而在功利主义的驱动下，教师群体如果没有公共道德的标准以及公共理性的依托，很有可能会陷入利己的追逐，或陷入奥尔森所言的"集体行动的困境"。此外，在公共参与缺乏的价值向导下，不少教师将课程思政的教学简化为以科研量化结果为中心，来满足自身学科专家身份的需求与认同。这样，由师生的公共参与构筑起来的课堂空间中，课程思政并没有赋予师生之间有意义的对话。高校教师在课程思政教学中存在身份认同偏离公共性的问题，使得教学偏离了公共参与的实践取向。

美国学者普里亚斯等人提出了多种教师身份角色，其中包括"引路人""教学者""榜样""探索者"等。在课程思政教学中，高校教师应该更加强调"使人现代化、公共化"的角色定位。然而，一些教师在科研和教学之间难以平衡，部分教师更倾向于专业性的科研工作，将教学变成了"私事化"的事业，只是知识的阐述者而非更广义上的人。在公共性理念下，课程思政的教学应该指向社会主义"公共善"的行动表达。然而，在功利主义的驱动下，缺乏公共道德标准和公共理性依托的教师群体可能陷入利己的追逐，甚至陷入"集体行动的困境"中。缺乏公共参与的价值向导，一些教师将课程思政的教学简化为以科研量化结果为中心，以满足自身学科专家身份的需求与认同。这样，师生之间构建的课堂空间中，课程思政并未赋予师生有意义的对话，导致教师在这个过程中割裂了教学的整体性，成为公共参与的"沉默者"角色。（图7-1）

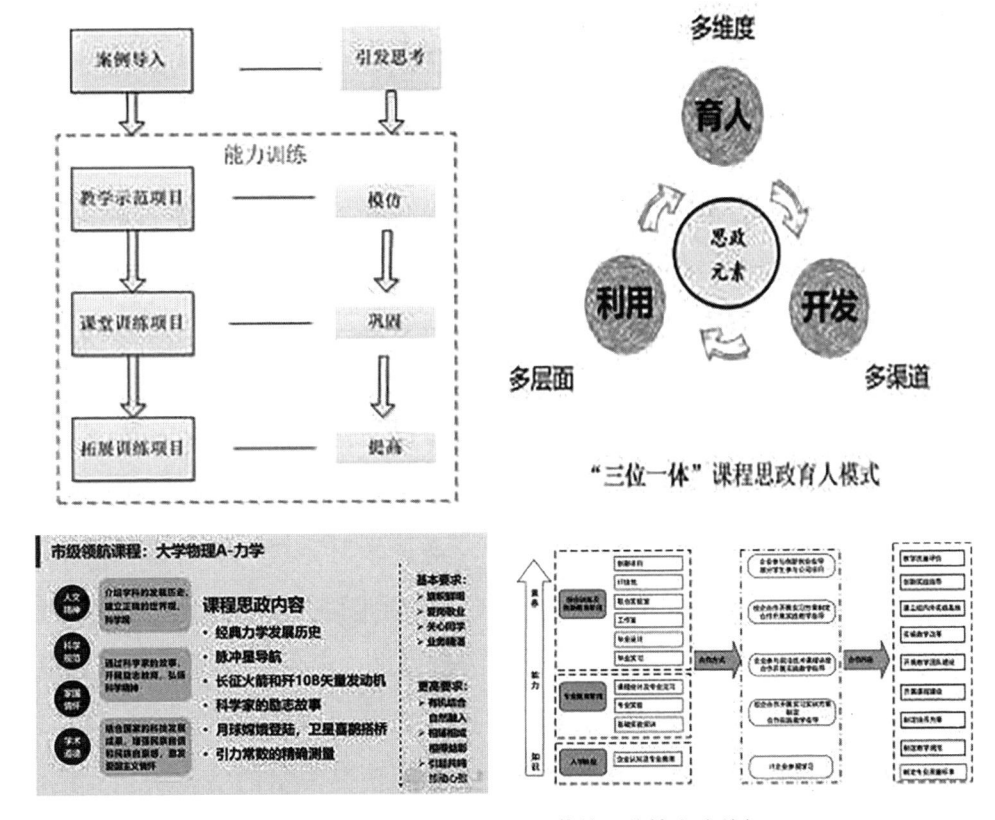

图7-1 高校课程思政具有显著的公共性实践特征

第八章　全球视野下的高校思政教育

第一节　国际经验与最佳实践

一、欧美高校思想政治教育的内容与特点

美国是一个融合多元种族和多元信仰的移民国家，其生活方式和社会文化呈现复杂多元的特征。尽管美国的高校教育体系中没有明确的思想政治教育概念，但"思想、政治、道德教育"等用词在学校教育中广泛存在。思想政治教育已经以隐性的形式渗透到美国的教育活动的各个方面。在美国，强调成为自由、平等、民主的"合格美国公民"的公民教育是思想政治教育的一部分。这种教育注重培养学生对国家政治身份的认同，强调在公共生活中履行良好的公民责任。此外，通过道德教化和秩序化的实践锻炼，美国的学校还强调道德教育和素质培养。爱国主义教育也是思想政治教育的重要组成部分。从小学开始，学生就接受爱国主义教育。升旗仪式、国旗誓词的背诵等活动被用来强化国家认同，培养学生对美国的热爱和忠诚。

政治教育也在美国的教育中得到强化。通过学习宪法、参与模拟选举等实践活动，学生被鼓励不仅维护自己的权利，还要加强对美国民主政治的理解。学生在这个过程中接受关于美国是最文明、最先进、最民主的国家的强化灌输，加深对其价值观念和社会制度的认同。因此，美国的思想政治教育在教学中充满着鲜明的政治色彩。英国的思想政治教育起源于其丰富的宗教历史，经历了从宗教化到宗教及世俗思想教育相结合再到世俗化改革的演变过程。在19世纪70年代之前，英国的学校教育由教会主导，学生通过设立的宗教课程被迫以宗

教教义为道德准则。随后的改革过程中，德育课程成为英国思政教育的主要手段。英国的德育课程将宗教知识与现代公民道德教育相融合，内容涵盖了道德价值观、个体公民意识、社会制度结构、家庭关系等方面。通过这一综合的课程设置，学生被培养和巩固了宗教信仰、政治意识和个体独立人格的发展。这种德育课程不仅具有一定的导向性和多样性，还具有较强的隐蔽性，将统治阶级的需求潜移默化地内化为社会公民的自身需求，从而维护了资产阶级的统治秩序。英国的思想政治教育经历了历史的演变，通过德育课程的设计和实施，既传承了宗教传统，又在现代社会背景下弘扬了公民道德观念，实现了宗教与世俗思想的有机结合。

二、亚洲高校思想政治教育的内容与特点

亚洲高校思想政治教育在内容与特点上展现出独特的魅力与价值。亚洲高校思想政治教育的内容包含丰富多彩的传统文化元素。在亚洲地区，历史悠久的传统文化渗透于社会的方方面面，成为人们生活的重要组成部分。因此，亚洲高校思想政治教育将传统文化融入教学内容之中，使学生能够深入了解国家文化传统、思想理念和价值观念。通过学习传统文化，学生能够树立正确的文化自信，增强对国家历史和文化的认同感。

在亚洲地区，社会稳定和国家发展是人们共同关注的焦点。因此，亚洲高校思想政治教育通过课堂教学和社会实践，引导学生关注国家和社会的发展问题，培养他们的社会责任感和国家意识。学生应该认识到自己作为国家的一员，应该为国家的繁荣和发展贡献自己的力量，积极参与国家建设和社会活动。亚洲地区的高校教育普遍注重理论与实践相结合，注重学生的创新能力和实践能力培养。因此，思想政治教育不仅仅是传授理论知识，更是培养学生的创新意识和实践能力。通过课程设置和科研实践，学生能够掌握实际应用的技能，锻炼解决问题的能力，为将来的社会生活和职业发展做好充分准备。

亚洲高校思想政治教育还注重培养学生的国际视野和跨文化交流能力。随着经济全球化的深入发展，国际交流与合作日益频繁，跨文化交流能力已经成为人才培养的重要素质。因此，亚洲高校思想政治教育通过开设国际交流课程、

组织国际学术交流活动等方式，拓展学生的国际视野，增强跨文化交流能力，使他们具备应对国际挑战和竞争的能力。

三、各国高校思想政治教育的载体与实现路径

不同国家在思想政治教育方面的内容和特点展现了各自的主导方向，高校在培养学生树立"正确"核心价值观方面发挥了重要作用。通过构建显性教育、日常实践和三位一体教育格局，各国都在追求思想政治教育的终极目标。显性教育方面，各国高校通过建设思想政治课程体系，明确传授国家认可的核心价值观。这些课程往往包括国家历史、法律法规、社会制度等内容，旨在引导学生对国家意识和国家价值观念的形成。例如，中国强调马克思列宁主义、毛泽东思想、邓小平理论等理论课程，强调社会主义核心价值观。日常实践方面，各国高校通过推进日常思想政治教育实践活动，引导学生在实际生活中树立正确的核心价值观。这可能包括社会实践、志愿者服务、文体活动等，通过亲身经历培养学生的责任感、集体荣誉感等价值观。例如，美国的一些大学鼓励学生参与社区服务、社团组织，培养公民责任感。构建三位一体教育格局，各国高校通过整合课程教学、实践活动和社会体验，全方位影响学生的价值观培养。这种教育格局旨在使学生在学术、实践和社会层面形成全面素养，树立符合国家核心价值观的人生观。例如，韩国高校强调培养全球视野的"世界公民"，通过多元的教育内容和活动构建全面的教育格局。各国高校在国家思想政治教育的框架下，通过显性教育、日常实践和三位一体教育格局，全方位影响学生的价值观培养。这种综合性的教育模式有助于使学生更好地理解和接受国家价值观，培养他们成为符合国家发展需要的社会人才。

（一）以思想政治教育课程为主导，显性传递国家意志

高校思想政治教育课程可分为两大类，其中第一类是以纯德育为主的思政类课程。尽管这类课程在名称、内容和教学目标上存在差异，但它们共同通过直接授课的方式向学生传授政治、历史、道德观念。这种课程旨在通过系统的理论知识传授，培养学生对国家核心价值观的理解，引导他们形成正确的政治

立场和人生观。通过人文社会科学课程，如哲学、心理学、社会学、历史、地理等，传递思想政治教育的内容。这种方式通过涉及社会、人文等多个领域的知识，培养学生具备全面的思想政治素养。另一方面，通过专业课程进行思想渗透，要求高校和教师关注思想政治教育与专业课程内容的融合。这意味着需要积极挖掘专业课程中蕴含的思政因素，使得各类课程在教学过程中潜移默化地发挥思想政治教育的作用。在专业课程中融入思政元素的做法有助于促使学生在学习科学知识的同时，更深刻地理解和内化国家的核心价值观。这样的课程设计有助于培养学生全面发展，使其不仅在专业领域具备优势，同时具备符合国家要求的社会责任感和公民素养。因此，高校在设计和实施思政教育课程时，应该注重两类课程的有机结合，使思政教育成为学生综合素养的重要组成部分。

（二）以日常实践教育隐性促进思政教育成果的转化吸收

各国十分重视高校思想政治教育课程的实践教学环节，以实践教育加强思想政治教育的效果，促使学生对于国家、民族的认同，培养符合国家需要的社会人才。

1. 校园活动

各高校校园活动无疑是思想政治教育的重要阵地，其形式的多样性呈现出丰富的多元特征。通过积极参与社团活动、读书会、文艺体育、志愿服务等多样化活动，学生能够融入到政治、经济、文化、科学、哲学等多领域的学习之中。在这些校园活动中，学生在不知不觉间接受到思想政治教育的熏陶，逐渐提高自身的道德修养和综合素质。一些校园活动还与社会服务相结合，为学生提供了指导方向、更好融入社会的机会。在美国高校，同样存在着丰富多彩的社团活动。社团被视为学生将理论转化为实践的重要平台，通过参与社团，学生可以参与学校治理、发表观点、表达诉求，实现个人价值。值得一提的是，美国的社团活动具有鼓励多元文化、信仰的特点，不同民族、文化和信仰的同学都能够选择参与心仪的社团。在这个过程中，美国的核心价值观会通过社团活动潜移默化地影响着学生的内心，实现思想政治教育的目标。校园活动作为思想政治教育的延伸和实践平台，为学生提供了更广泛、更立体的发展机会。通过参与这些活动，学生在实践中学到的社会责任感、团队协作精神、公民意识等，将有助于塑造其正确的核心价值观和良好的社会行为规范。

2. 发挥公共场馆的思想政治教育功效

公共场馆作为思想政治教育的平台，受到越来越多国家的重视。这些场馆包括博物馆、展览馆、历史馆、艺术馆、纪念馆、科技馆等，它们不仅是文化遗产的保护者，也承载着丰富的历史、文化、科技知识。为了发挥这些场馆在思想政治教育中的作用，国家积极进行修葺保护，将古建筑遗迹开放给公众，并推动实现长期的免费开放。这一举措旨在让更多人亲身体验历史、文化、艺术和科技的魅力，深刻了解社会发展和国家的政治制度、政治理念。高校也意识到公共场馆对思想政治教育的重要性，因此定期组织学生前往名人故居、历史遗址、博物馆、纪念馆等地进行参观。通过亲身体验和实地学习，学生能够更直观地感受到历史的沧桑变迁、人文的深厚底蕴、艺术的博大精深以及科技的前沿发展。在这一过程中，学生在不经意间接受到了思想政治的熏陶，形成对社会、国家的更为深刻的认识。通过公共场馆的积极发掘和高校组织学生的定期参观活动，人们能够更加全面地了解自己所处的社会环境，培养正确的历史观、文化观和社会观。这也为国家和社会的长远发展提供了有力的思想政治基础。

3. 网络媒介技术应用

随着互联网技术的迅猛发展，大众传媒的形式和内容正在不断演变。不仅仅是信息传递的工具，大众传媒还成为强化价值观念、进行意识形态传递的重要途径。在这一背景下，各国政府纷纷利用电视、广播、杂志、论坛、讲座等多样化的媒体平台传达时政信息，通过正确的思想理论、行动纲领、价值观念塑造群众的意识形态，凝聚社会共识，激发、动员群众积极参与国家建设。以德国为例，该国大众传媒产业高度发达，政府通过这一工具积极发挥舆论引导作用，统一思想、凝聚力量。在德国的高校思想政治教育中，充分利用互联网资源是一项重要策略。通过在联邦政治教育中心创建国际互联网专栏，邀请政治学家、社会学家、经济学家、心理学家解读政治、社会、经济、心理问题，将晦涩难懂的理论转化为通俗易懂的网络课程。这种方式使各阶层的人群更容易理解本国的国家建设和社会发展。大众传媒在互联网时代的应用为思想政治教育提供了新的平台和途径。通过灵活多样的传播形式，政府和高校能够更有效地引导舆论、传递理念，实现对社会思潮的引导和塑造。

第二节 跨文化思政教育的挑战与机会

一、我国提升大学生跨文化思政教育的现实挑战

要提升大学生的跨文化能力，并将立德树人的教育目标贯穿、落实其中，高校还面临一系列现实挑战。

（一）跨文化接触以间接方式为主，影响了大学生学习和体验的深度

当前调查表明，中国大学生主要通过间接接触来进行跨文化交流，尤其是通过间接文化产品和人际接触的方式。其中，外文电影、外文歌曲等文化产品的观看成为一种频繁的跨文化接触方式，同时外语课堂也为学生提供了一种间接的人际接触机会。然而，与此相比，中国大学生的直接口语接触和书面接触的频率相对较低，包括外教交流、国外文化交流和书信、网络社交媒体等方式。尽管间接接触方式在一定程度上促进了跨文化能力的发展，但研究表明，真实的跨文化接触对话更有助于年轻人挑战自己的观点，并学会应对他人的不同观点。然而，目前我国多数高校采用来华留学生和中国学生隔离施教的方式，使得中国学生失去了接触国际学生的宝贵机会。这种模式限制了学生在课堂内外进行跨文化思政教育的可能性，也妨碍了中外学生交流后的反馈和影响的获取。为了更好地培养大学生的全球公民素养，可以考虑引入教师带领的海外现场学习项目。这样的项目能够为学生提供更为实际和深入的跨文化接触机会，让他们亲身体验并学会应对不同文化背景下的挑战。通过此类项目，学生不仅能够拓展跨文化知识，还能够深化对全球社会问题的理解，从而更好地培养全球公民素养。这种全新的教学模式有望为大学生提供更为全面和深入的跨文化思政教育。

(二) 支撑大学生跨文化交流的多方面基础能力有待提高

针对中国和美国研究型大学本科生基本能力的比较研究发现，中国大学生在大学入学初期的14项基本能力中，除了"外语水平"一项高于美国学生外，其他能力均低于美国新生水平。这包括了与跨文化能力密切相关的"分析和批判性思维""欣赏、容忍和理解种族差异""欣赏文化和全球差异"以及"对国际事务的理解"等方面。在经过几年的本科教育后，中美大学生在多项基本能力上的差异仍然存在，并呈现不同程度的扩大趋势。这一差距反映了两国教育体制和教育实践的差异，主要体现在人才选拔标准、大学课程设置和教学时间分配、学生的课堂参与文化、国际化的学习环境以及学习成果的评价方式等方面。人才选拔标准的不同导致了学生入学时的基本能力水平存在差异。中国在高考制度下选拔学生，侧重对学科知识的考核，而美国大学则更注重学生的综合素质和潜力。大学课程设置和教学时间分配的不同也是导致中美大学生基本能力差异的原因之一。中国大学课程相对固定，而美国大学注重学生的专业选择和跨学科学习，强调培养学生的批判性思维和创新能力。学生的课堂参与文化也存在显著区别。在中国，传统的教学模式偏向于教师为主导的单向传递，而美国大学更注重学生的参与、讨论和思考，培养学生的自主学习能力。国际化的学习环境是中美大学生基本能力差异的另一方面体现。美国大学通常拥有更多国际化的教学资源、交流项目和国际学生，促使学生更容易接触到多元文化，提升了跨文化能力。学习成果的评价方式也存在一定的不同。中国大学更倾向于传统的考试评价，注重对知识的测验，而美国大学更注重学生的项目作业、实践经验和团队合作，更全面地评价学生的能力。因此，中美大学生基本能力上的差距反映了两国在教育体制和实践方面的不同取向。

(三) 教师和行政人员缺乏跨文化教学和管理方面的能力建设

近年来，引起国内外广泛关注的各类"留学生事件"不仅反映了我国高校留学生管理存在的短板，更深层次地折射出教育对外开放进程中高校教师所面临的能力挑战。在教育实践中，当涉及到学术观点、价值观、意识形态等跨文化冲突问题时，高校管理部门通常采取个案方式处理；而对于一些敏感的价值观冲突问题，校方和教师有时会选择回避。教师难以事先获得处理各类观念冲突的制度和政策指引，也难以获得相关的专业支援。面对日益频繁的全球性知识、思想和人员流动，如何在尊重文明和价值观多样性的同时坚守"四个自信"和教书育人宗旨，以及如何凝聚校园内文化背景迥异的各国学生和学者，都是高校教师在履行立德树人使命中需要回答的重大课题。高校应加强对教师的跨文化培训，提高其处理跨文化冲突的能力。这包括了解不同国家和地区的文化背景、历史传统、价值观念等，以更好地应对留学生在学术观点和意识形态上的差异。通过开设相关课程、组织跨文化交流活动，提升教师的跨文化沟通和解决问题的能力，使其更好地适应多元文化的校园环境。

建立健全的制度和政策指引，为教师提供明确的处理观念冲突的指导。这可以包括明确教学内容的边界，强调尊重学术自由和多元化的观点，同时制定处理涉及敏感话题的具体程序。制定明确的政策，既可以为教师提供行为的法律保障，也有助于维护校园秩序和学术环境的稳定。加强学科交叉与合作，推动不同学科的教师共同参与涉及多元文化的课程。通过跨学科的合作，可以更好地整合各学科的优势，为学生提供更全面、多元的知识视角。这有助于培养学生的综合素质，提高他们在跨文化环境下的适应能力。加强与留学生之间的沟通与理解。建立定期的交流平台，让教师和留学生可以畅所欲言，互相了解彼此的文化背景、价值观念等。这有助于建立师生之间的信任关系，减少因文化差异而引起的误解和冲突。高校教师在全球化时代需要具备更强的跨文化适应能力，同时学校管理部门也应加强对教师的支持和引导，共同致力于打造一个既充满多元文化，又和谐宽容的学术环境。

（四）全球知识市场中我国人文、社会科学地位相对滞后

近年来，中国在全球学术市场的贡献主要体现在自然科学领域，但与之相比，人文社会科学领域的学术国际地位和影响力相对较低。如何弥补自身知识体系的短板，以及中国价值观如何影响全球知识的生产方式，成为中国学术发展面临的重要课题。同时，高校思政教育也需面对这一挑战，努力推动人文社

会科学领域的国际影响力提升。中国可以通过加强对人文社会科学领域的支持和投入，提高在这一领域的学术水平。这包括增加对人文社会科学研究项目的资金支持，提升教师在这一领域的学术声望，鼓励学者参与国际性学术合作和交流。通过这些努力，中国可以逐步提升人文社会科学领域的研究水平，增加国际学术话语权。中国应积极参与全球性的学术合作和交流，推动中国学者在国际学术舞台上发声。建立国际性的学术平台，组织国际性的学术会议，邀请国际知名学者来华交流，为中国学者提供更多展示自身研究成果的机会。这有助于加强中国学者与国际学术界的联系，促进学术共同繁荣。同时，中国的高校思政教育需要更加注重培养学生的国际视野和跨文化沟通能力。通过引入更多国际化的教材、开设与国际问题相关的课程，使学生更好地理解和参与全球事务。此外，高校可以加强与国际高校的合作，提供更多的留学和交换机会，让学生能够在不同文化背景下深化学习。在面对反全球化思潮和排外行为时，中国的高校要积极倡导平等、和谐、开放的国际社会，加强对学生的国际主义教育，使他们在成长过程中形成更加包容开放的国际视野。中国在全球学术舞台上提升人文社会科学领域的国际影响力需要综合施策。通过加强投入、积极参与国际合作、推动学术交流，中国可以逐步建构一个更加平衡的知识体系，为全球问题提供更多元的视角和解决方案，助力构建一个更加平等、和谐、开放的国际社会。高校思政教育在这一进程中发挥着重要的引领和推动作用。

二、跨文化思政教育的机会

培养大学生有效参与国际对话、交流和参与的能力，更好地在国际事务和全球性议题中发挥属于中国大学生的影响力，既要有思政教育的特殊考量，也要有高等教育改革的整体谋划。全球素养与国民素养、全球福祉和国家利益、专业能力与跨文化能力，如今已浑然一体。这种一体化的教育思想体系构成了大学思政的路径指引，由此牵出的改革头绪自然不一而足。在此，联系上述大学生跨文化能力提升中的几项挑战，以沟通、参与和影响力提升为导向，提出若干行动建议：

（一）为大学生创造更多面对面、有质量的体验不同文化的机会

为提升中国在全球学术舞台上的人文社会科学领域国际影响力，高校思政教育可以采取一系列有针对性的举措。这包括：开设面向中外大学生的中国文化主题选修课，以外语进行教学，使更多国际学生能够深入了解中国的历史、文化、价值观等方面。通过这些课程，促进中外学生的跨文化交流，增进彼此的理解。在专业课教学中有选择性地邀请外籍学生或专家参与研讨。通过与外国学者的互动，激发学科领域内的跨文化思考，拓宽学生的国际视野。这也有助于学生更好地理解和应对不同文化背景下的学术观点和方法论。设计更多由专门教师带领的海外学习项目。通过组织学生前往其他国家进行实地学习，促使他们深入体验不同文化，增强跨文化沟通能力。这些项目可以涵盖语言、历史、文学、社会学等多个领域。资助中外学生组队共同实施中国社会问题研究项目。通过合作研究，学生能够深入了解中国社会现状，并从中发现不同文化间的共通性和差异性。这也有助于培养学生的团队协作和国际合作意识。加强对各种跨文化学习项目的影响力评估和持续改进。通过收集学生的反馈和参与感受，及时调整和改进项目设计，确保项目能够真正发挥对学生思政教育的积极作用。这些举措将有助于推动中国高校思政教育在全球范围内的国际化发展，促进人文社会科学领域的国际合作与交流，为构建一个更加平等、和谐、开放的国际社会贡献力量。

（二）加强大学师生跨文化沟通和参与所需基本知识和能力的训练

大学思政教育在国际化进程中，有两个关键方向需要同时关注和推进。第一，关于本国传统文化和多元国外文化的教育。第二，是逻辑思维能力的培养。作为大学通识教育的一部分，需要弥补中国学生对本国传统文化的认知短缺。为此，学校可以开设更多关于中国传统文化的课程，提供学生深入了解国家历史、哲学、文学、艺术等方面的机会。这不仅有助于学生形成对本国文化的全面认知，也能够加深对传统价值观的理解。同时，为学生提供更具局域多样性的国外文化选修课也至关重要。通过这些课程，学生可以更好地理解和尊重其

他国家和地区的文化差异，培养跨文化沟通的能力。加强大学生的逻辑思维能力培养至关重要。良好的逻辑思维有助于学生在思政问题上进行正确识别、推理、论证、表达和反驳。这对于国际交流尤为重要，可以帮助学生在跨文化思想交流中更理性、更有效地表达观点，避免情绪化冲突。为提高学生的逻辑思维能力，学校可以开设更多逻辑学方面的通识课程，为学生提供系统的逻辑训练。此外，各学科教师也可以加强与逻辑学教师的教学合作，将逻辑思维纳入各专业的课程体系中，实现思政教育与专业教育的有机融合。通过对本国传统文化和多元国外文化的深入教育，以及对逻辑思维能力的培养，大学思政教育能够更好地适应国际化趋势，培养更具全球视野和跨文化交流能力的优秀人才。

（三）加强跨文化环境下高校教师立德树人的能力发展

高校可以通过一系列的措施，全面提升教师的跨文化教学能力，更好地实现立德树人的育人宗旨。通过培训项目和教学团队建设，提升教师的知识视野、逻辑思维和表达能力。学校可以设立专门的培训项目，引导教师深入了解本国传统文化和多元国外文化，增强其跨文化教学素养。教学团队建设也是关键一环，通过合作研究和共同备课，教师能够相互学习，分享跨文化教学经验，提高整体教学水平。创设针对教师跨文化教学能力提升的海外访学项目，建立更多跨校、跨地区和跨国的工作坊等协作项目。通过参与海外访学项目，教师能够亲身体验其他国家的文化，更好地理解和尊重文化差异，从而更好地进行跨文化教学。跨校、跨地区和跨国的工作坊等项目则为教师提供了与来自不同文化背景的同行交流的机会，共同研讨跨文化教学的方法和策略。通过聘任和评价制度，强调对高校教师跨文化价值观、认知水平和交流能力的考核要求。在教师的聘任和评价中，应该纳入对其跨文化教学能力的全面考核。这包括其对本国传统文化和多元国外文化的了解程度，逻辑思维和表达能力，以及在实际教学中是否能够有效促进学生的跨文化交流能力等方面的表现。这将成为教师个人职业发展的一项重要标准，也能够更好地推动高校跨文化教学的全面提升。通过以上举措，高校能够更有效地提升教师的跨文化教学能力，为培养具有全球视野和跨文化交流能力的优秀人才奠定坚实基础。

(四) 提升我国人文、社会科学研究的国际影响力，夯实高校思政的知识和学术基础

在当前话语权相对较弱的情况下，高校应该采取一系列举措，鼓励教师积极参与国际学术交流，推动大学思想相关领域在国际上的影响力。高校可以鼓励教师使用易于为国际社会理解和接受的话语，与国际同行进行学术交流和探讨。通过培训和指导，提高教师的英语写作和口头表达能力，使其更好地参与国际性学术对话。国内高校可以积极发起建立思政相关学术领域的国际性学会。这样的学会可以成为教师和学者分享研究成果、探讨理论问题的平台，促进国际上对中国思政领域的关注和认可。政府和高校也可以联合设立高校思政领域的国际性研究基金，资助教师开展国际合作研究项目。这样的基金可以支持国际团队合作，共同探讨全球范围内的思政问题，提升中国思政研究的国际声望。为了打造具有中国特色和市场号召力的高质量思政教材，可以借鉴国际一流高校的教材建设经验。通过引进国际前沿理论和方法，结合中国国情，开发符合国际标准的思政教材，提高其国际竞争力。通过以上举措，高校能够在国际学术舞台上更为积极地参与，提升中国大学思政领域在国际上的影响力，为推动全球思政研究作出更多贡献。

第三节　在全球范围内推动高校思政教育的发展

一、经济全球化与高校思想政治教育的关系

在全球化进程中，不同社会制度之间的思想和意识形态斗争变得更加剧烈和复杂。全球化深化了社会主义和资本主义两大思想体系之间的竞争，呈现出新的特点。这场斗争在全球范围内变得更加激烈，斗争形式更为多样化，而且更具有隐蔽性和迷惑性。随着全球化的不断深入，各种思潮在全球范围内相互交织和激荡。从外部条件来看，各种敌对势力的腐朽思想和意识形态将利用全球化的开放，对我国高校大学生的思想意识产生影响。同时，由于实行市场经

济,社会阶层发生了新的变化,大学生的思想观念正经历着巨大的变革。他们的思想活动变得更为独立、选择性更强,且表现出明显的多变性和差异性,容易受到外界舆论的误导。以经济全球化的整体优势、互动媒体的传播作用和民族文化的感化效应为手段,不同意识形态势力通过多种途径进行全方位的渗透,使高校思想政治教育工作变得更为复杂。在这个大背景下,高校面临着既有发展机遇又面临严峻挑战的复杂局面。经济全球化作为当今世界经济发展的主要趋势,为各种政治经济理论和思潮提供了一个国际性的背景和平台。在这个平台上,各种意识形态相互碰撞,共同演绎着人类文明和智慧的发展轨迹。对高校思想政治教育工作而言,全球化趋势的加强既带来了发展的机遇,也带来了严峻的挑战。

为了更好地应对全球化的影响,高校可以采取一系列措施。首先,加强大学生对本国传统文化的认知,提供更多具有局域多样性的国外文化选修课。其次,培养大学生的逻辑思维能力,以帮助他们更好地在跨文化交流中理性思考,避免情绪化冲突。同时,高校可以通过培训项目、教学团队建设等方式,提升教师的知识视野和逻辑思维能力,更好地履行立德树人的育人宗旨。此外,鼓励教师积极参与国际学术交流,建立国际性的学术组织和研究基金,推动中国思政领域在国际上的影响力。同时,高校还可以采取更加灵活的教学手段,如开设面向中外学生的中国文化主题选修课、邀请外籍学生或专家参与跨文化问题的研讨等,以促进跨文化交流和理解。在面对全球化的挑战时,高校需要更加积极地拥抱机遇,不断优化思政教育体系,培养具有全球视野和跨文化能力的优秀人才。通过这些努力,高校可以更好地适应全球化的潮流,为培养国际化人才做出更大贡献。

二、经济全球化给高校思想政治教育工作带来的新机遇

经济全球化是当今世界经济活动最为重要的特征和最显著的发展趋势,其对我国政治、经济、文化以及思想政治教育等社会各个方面都产生了广泛而深刻的影响。这种全球化趋势就像一把"双刃剑",既带来积极的一面,也伴随着一些消极的影响,因此我们必须以辩证的眼光来看待。经济全球化的积极影响

表现在信息传播、文化交流以及经济合作的增加上。高校通过全球化的机遇，可以更容易获取国际前沿的学术信息、先进的教学方法，为学生提供更加广阔的国际化学习平台。思政教育也能借助全球化的力量，更好地融入国际思潮，培养学生具备全球视野的思维和认知水平。此外，全球化促进了文化的多元交流，高校有机会通过多元文化的碰撞，丰富思政教育的内容，使学生更全面地理解不同文化背景下的思想观念。与此同时，经济全球化也带来了一些负面的影响。全球化势必带来跨文化的碰撞和冲突，对于我国传统文化的冲击和冲突将不可避免。在这一背景下，高校的思想政治教育面临新的问题，需要更好地保护和传承国家的核心价值观，引导学生在全球化的潮流中保持文化自信。此外，全球化也使得外部的商业化和市场化对高校的影响日益增强，思政教育容易受到商业价值和市场导向的影响，因此需要更加警觉和审慎地引导思政教育走向。随着经济全球化趋势的持续发展，我国高校的思想政治教育工作将面临新的机遇和挑战。为更好地应对这一新形势，高校可以通过以下几方面的措施来应对：加强国际交流与合作，通过引进国外先进的教育理念和教学资源，提升高校的思政教育水平。其次，加强对学生的国际化培养，通过设立国际化的课程、项目和交流机会，培养学生具备更强的跨文化能力。此外，高校还应该深入挖掘本土文化，通过创新性的思政教育手段，使传统文化与现代价值观相互融合，帮助学生更好地理解和应对全球化的冲击。经济全球化为我国高校的思想政治教育工作带来了新的机遇，但也带来了新的挑战。通过科学合理的引导和积极的创新，高校可以更好地适应这一全球化的潮流，为学生成为具有全球视野的、有思想深度的新时代公民奠定坚实基础。

（一）经济全球化为高校思想政治教育提供了坚实的物质基础

经济全球化深化了国家和地区之间的相互依存程度，这在客观上有利于维护高校思想政治教育的国际环境。当前，我国高校思想政治教育的国际环境整体上仍存在一些不利因素。尽管我国主流意识形态仍然是马克思主义，但在全球范围内，这种意识形态在一定程度上仍属于"弱势意识形态"，时刻面临着被打压的危险。在经济全球化的背景下，各国之间的经济交往变得越来越频繁。

不论是发达国家还是发展中国家，彼此因为经济利益上的相互需求而走到了一起。发达国家需要发展中国家的廉价劳动力和巨大市场，以及由此带来的巨额利润；而发展中国家则需要发达国家的先进科技和雄厚资金，以及由此带来的使本国经济得以长足发展的机遇。这加深了国家之间相互依存的程度，使各国能够在经济领域上实现"共赢"，即使在意识形态上存在分歧。

从这个意义上说，经济全球化趋势的加强在某种程度上为我国高校思想政治教育工作提供了坚实的物质基础。国家间的经济合作，促使各方为了经济发展而保持合作关系，容忍彼此在意识形态上的分歧。这为我国高校思想政治教育提供了相对开放的环境，有助于引入国际先进的思想观念和教育理念，为学生提供更加多元和开放的学术资源。高校在思政教育工作中可以更自由地融入国际先进的教育理念，培养学生更具全球眼光和国际竞争力的思维能力。同时，经济全球化以各民族国家的相互依存发展关系为纽带，为我国的全面建设小康社会和实现中华民族的伟大复兴提供了前所未有的广阔的世界舞台。在参与国际事务和国际竞争中，促进了国家的发展和综合国力的提高。各级政府和高校对思想政治教育的资金投入逐年增加，工作条件和技术设施得到广泛使用，为高校思想政治教育的发展和创新提供了前所未有的物质保障。这使得高校在思政教育方面能够更加充分地利用现代化技术手段，通过国际间的信息传播，使得学生更好地融入国际化的学术氛围。然而，应当注意的是，尽管经济全球化为高校思想政治教育提供了物质基础，但这并不意味着思政教育工作就能够迅速取得成功。在面对国际意识形态多元性和文化碰撞的同时，高校仍需更加注重如何在全球化的环境中保持本土文化的独立性和传承性。

（二）经济全球化丰富了思想政治教育的内容，促进了高校思想政治教育理念的创新

时代的发展要求为服务其发展的思想政治教育也要不断发展和改革。尽管经济全球化主要描述了经济发展趋势，但其影响并不仅限于经济领域，而是扩展到政治、文化和社会的各个领域，深刻地影响着人们的生活方式、思维方式和思想观念。例如，效率观念、生态环保观念、民主法制观念、良性竞争的观

念、合作共赢的观念等。这些观念中有些是为了适应全球化时代和市场经济的发展而应运而生，如生态观念、竞争观念、合作共赢的观念等；有些是为了适应中国实际情况而需要再次强调的观念，如节约观念、生态环保观念等。在经济全球化的背景下，这些观念都将被纳入思想政治教育的视野之内，成为思想政治教育内容的组成部分，丰富高校思想政治教育的内涵。

经济全球化实质上是一个市场化的过程，各国经济将进一步与世界市场接轨，形成与市场经济的国际惯例和国际市场的规则相一致的市场秩序。这不仅是一个经济问题，还带来了许多伦理和道德问题，如规则意识、公德意识、义利观、竞争观、生活观等方面受到冲击，为高校思想政治教育增添了许多新内容。同时，经济全球化也是一个包罗万象的历史进程，涉及经济、政治、文化等领域，尤其在科学技术迅速发展的过程中，产生了许多全球性的社会现象。这些全球性问题，如贫困饥饿、环境污染、生态危机、人权、战争、艾滋病、恐怖主义等，无法仅靠一国之力解决，需要各国通力协作和配合。因此，各国需要具备全球伦理、全球意识才能解决这些全球性问题。经济全球化进程中信息的网络化、数字化、全球伦理、全球意识、科技伦理以及马克思主义体系的创新和发展的成果，都为高校思想政治教育工作的创新提供了丰富的内容。在这个背景下，高校思想政治教育不仅需要关注国际事务和全球性问题，还需要注重培养学生的全球视野和全球意识，使他们能够更好地适应和引领全球化的潮流。

（三）经济全球化为高校德育教育的观念更新提供了崭新的思想基础和宽广的国际视野

随着社会主义国家参与全球化程度的不断加深和改革开放的不断深入，经济全球化不仅有利于促进社会主义国家的经济发展，而且有利于社会主义国家思想观念的变革。经济全球化促使社会主义国家重新认识一系列重要问题，如什么是社会主义、如何建设社会主义以及如何处理社会主义与资本主义的关系等。这种重新认识要求冷静思考社会主义实践的经验教训，科学定位社会主义发展阶段，并逐步提出建立社会主义市场经济体制的新思路，使社会主义的价值取向更加科学合理。随着经济全球化的发展,世界各国的联系日益紧密,相互依赖程度加深。这使得发达资本主义国家逐步认识到,发达国家的发展离不开发展中国家的发展。长期的稳定和繁荣不可能建立在发展中国家贫穷和动荡的基础上。解决全球化问题也离不开发展中国家的参与,需要各国联合起来共同解决。因此,发达国家应该承担起支持发展中国家发展经济和改善全球环境的责任。对于发展中国家来说,社会主义国家与其具有同样的发展背景和共同的发展任务,在国际舞台上具有共同的利益。在与各国频繁交往的过程中,社会主义国家尤其是中国不仅能够在更短的时间内引进和学习世界各民族优秀文化的最新成果、先进的管理经验和现代科学技术,还能够更直接、更全面、更客观地了解和认识当代资本主义。这为社会主义国家构建高校思想政治教育新理念提供了更为科学的基础。在全球化的背景下,高校思想政治教育需要更好地融入国际视野,引进先进的管理经验和科学技术成果,以更科学的方式指导学生的思想观念。同时,各国之间的相互交流也为高校思政工作提供了更为广阔的舞台,使得社会主义国家能够更好地展示自身的文化价值和理念。在这个过程中,高校思政工作可以更好地结合国际形势,为培养具有全球视野和国际竞争力的人才提供更多的机会和平台。

(四)经济全球化和网络技术的发展提高了高校思想政治教育的效率

互联网的快捷性特点极大地提高了高校思想政治教育工作的效率。随着互联网的普及,许多程序性的工作可以通过办公自动化软件、电子邮件等方式方便地解决,从而彻底扭转了以往高校思想政治工作效率低下的情况。学生管理方面的工作,如奖学金评审、就业信息发布、教学信息变更等,都可以通过网络迅速传递和解决。此外,互联网也使得高校思想政治研究的效率大幅提升,大规模、群体性的研究变得更加便利,成为一种高效的形式。例如,调查学生的实际思想状况可以通过在网上公布问卷,学生上网填写,大大提高了研究效率。互联网的虚拟性和交互性进一步增强了高校思想政治教育的影响力。在"网络社会"中,学生不再受制于师生之间的隔阂,消除了面对面交谈可能带来的不利因素,可以更加随心所欲地表达各种观点和意见,展示真实思想和内心世界。同时，高校思想政治教育工作者也可以利用互联网的虚拟性，在网络交流场所如 BBS、聊天室等以其他身份参与，与学生们就校园和社会热点问题展开交流和讨论。通过这种方式，不仅方便地收集到学生真实思想的流露，进行分析和找出相应的对策，还使得思想政治教育工作更具针对性，工作过程更加民主，教育效果更加明显。

互联网最大限度地使高校思想政治教育工作社会化。高校的思想政治教育需要学校、家庭和社会的密切配合。互联网的普及为这三方面的结合提供了便利。一方面，网络全方位、多层次的信息传输使得大学生能够广泛参与社会生活，有助于他们的社会化。另一方面，学生的学习和生活状况通过网络可以及时传递到社会的每一个角落。家长可以通过网络随时联系学校，了解子女在校的状况，有助于双方共同做好学生的思想政治教育工作。同时，社会各界也可以通过网络共同参与高校的思想政治教育工作，促使形成高校思想政治教育工作中家庭、社会和学校三者的合力。互联网的发展不仅提高了高校思想政治教育的效率，还促进了社会化和多元化的发展，使得教育工作更加全面、立体。

第九章　高校思政教育未来的展望

第一节　高校思政教育的新趋势

在当前教育体系中，融会贯通的思政教育模式逐渐成为一种重要趋势。这一模式要求在学科教育的过程中，将思政育人元素有机融入其中，实现对学生的全面培养。通过在专业课程中渗透思政教育，可以使学生在学科知识的同时，接受到有关价值观、社会责任等方面的教育，实现了育才与育人的有机结合。与此同时，思政教育与"双创教育""校园文化建设"等方面的协同也是跨界思维的产物。在培养学生创新创业精神的过程中，不仅要注重专业知识的传授，还要关注学生的思想品德和团队协作能力的培养。校园文化建设也不再仅仅关注学术氛围，更加强调对学生思想的引导和影响。这些协同努力使得思政教育更加贴近学生的实际需求，更具有实际的社会意义。

随着现代传媒技术的飞速发展，新媒体已经在传播领域中占据了极为重要的地位。在以数字传媒为主导的新媒体时代，大学生在学习和日常沟通中更加依赖新媒体。这使得高校思政教育面临了新的挑战和机遇。教育环境、教育方式以及教育渠道等方面都将发生变革。高校思政教育工作者需要深刻梳理新媒体时代对思政教育的影响，正确预见并适应新媒体思政教育的趋势。在新媒体时代，思政教育可以通过多种新媒体平台进行传播。借助社交媒体、在线教育平台、短视频等形式，高校可以更加灵活地进行思政教育，深入到学生日常生活中。通过制作富有创意和思想深度的内容，思政教育可以更好地引起学生的兴趣和思考，使其更主动地参与其中。同时，高校还可以借助新媒体平台收集学生的意见和反馈，实现更加开放和互动的教育模式。在新媒体时代，高校思政教育需要更注重培养学生的媒体素养。学生不仅需要获得专业知识，还需要具备正确的信息获取和辨析能力，以更好地面对新媒体时代信息爆炸的挑战。思政教育可以通过开设相关课程，引导学生正确使用新媒体，培养其对信息的敏感性和批判性思维。新媒体时代对高校思政教育提出了新的要求，需要教育工作者不断创新教育方式，更好地适应学生的需求和时代的发展。通过融会贯通、跨界协同，以及对新媒体的正确理解和应用，高校思政教育将更好地发挥引导学生成长的作用。

一、新媒体时代高校思政教育发展趋势

（一）跨界思维在思政教育中的应用

新媒体时代，社会信息流的交融汇聚突显了各领域、各行业之间信息传递的迅捷性，而跨界思维的形成与运用成为适应时代特点的重要思维品质。对于高校而言，跨界思维的应用可以有效为思政教育注入新活力。在跨界思维的引领下，高校思政教育不再仅仅是应用课程教材，而是注重思政育人工作与其他育人工作的跨界联动。课程思政是跨界思维在高校思政教育中的具体体现。传统上，思政教育常被看作是独立于学科专业的一门课程，而跨界思维打破了这种传统模式，使思政教育更加贴近学科专业的实际应用。在课程设计中，可以融入实际案例、行业动态、社会问题等跨界元素，引导学生思考学科知识与社会现实的关联，培养学生更全面的思维能力。跨界思维还可以促进不同学科、领域间的合作与交流。高校可以建立跨学科的思政教育团队，将来自不同专业背景的教师纳入思政教育的设计与实施过程。这样的团队能够更好地贴近学科前沿，及时引入新知识、新观念，使思政教育更富有活力。在实际操作中，可以通过组织跨学科的研讨会、工作坊等形式，鼓励教师之间的交流与合作。例如，思政教育与科技创新、社会管理、文化传媒等领域的交流，既可以拓宽思政教育的内容，又可以促进不同学科领域间的互相启发。跨界思维的引入为高校思政教育注入了新的动力。通过与其他学科专业的跨界融合，思政教育能够更好地适应社会发展的需要，培养学生更全面的素养，使其更好地应对未来的挑战。

（二）思政教育话语权的变革

在传统的思政教育中，教师通常是主导者，教育内容和环节的规划以及实施主要由教师负责。学生主要通过学校提供的教育渠道获取思政教育内容，整个思政教育过程以"教"为主导，学生在其中的"学"相对较被动，思政教育的话语权主要由思政教师把控。在新媒体时代，学生获取教育信息和内容更为便利。不再单纯依赖学校的教育来接触相关知识，甚至一些大学生能够自主地接受教育，摆脱了过去对教师的过度依赖。在这种情况下，思政教师的话语权逐渐减弱。新媒体时代的学生更加自主，拥有更大的话语权，这可能会影响高校思政教育的有效性。值得注意的是，学生话语权过大可能会导致一些问题。首先，学生自主性过高，可能使他们更容易接触到不同来源的信息，包括一些不良信息，从而影响他们的价值观和思想观念。其次，由于大学生阅历相对较浅，他们在明辨是非方面可能存在一定的局限性，容易受到不良信息的误导。这可能导致学校思政教育的思想引领效果被削弱。因此，如何平衡思政教育话语权是高校思政教育工作者需要认真思考和解决的关键问题。在新媒体环境下，应该更加注重引导学生正确获取信息的能力，培养他们辨别信息真伪的能力，以确保他们在信息泛滥的环境中能够更好地受益于思政教育。同时，思政教育工作者也需要通过更加灵活和有趣的方式来吸引学生，使他们更愿意在思政教育中参与和学习。

新媒体时代对高校思政教育环境的变革是全方位的，不仅在学生方面产生多方面影响，也对思政教育工作者提出更高要求。这一变革不仅仅是技术层面的更新，更涉及到对教育理念、方法和手段的重新思考和创新。新媒体的普及改变了大学生的学习习惯和信息获取方式。大学生更加倾向于通过互联网和社交媒体获取信息，而不再依赖传统的教材和课堂教学。因此，思政教育工作者需要在新媒体平台上提供更为多样、有趣、贴近学生实际需求的思政内容，以吸引学生的注意力，引导他们在信息时代更主动地参与思政教育。新媒体时代使得思政教育更加社会化。在互联网的连接下，学生能够更方便地参与到社会舆论中，同时也更容易受到社会各界的信息影响。这要求思政教育工作者在教育过程中更加关注学生与社会的连接，引导他们正确理解社会信息，培养辨别是非的能力，使思政教育更加贴近社会实际。此外，新媒体的发展也使得思政教育工作者需要不断更新自己的知识和技能。对于新媒体技术的了解和应用已经成为思政教育工作者的一项重要素养。只有不断学习和跟上技术的发展，才能更好地在新媒体时代开展思政教育工作。因此，高校在新媒体时代必须深刻认识到这一变革的内涵与特征，紧跟时代步伐，加强对新媒体技术的研究和应用，更好地适应新媒体时代大学生的需求，推动高校思政教育朝着更为现代化、开放化、社会化的方向发展。

（三）思政教育新型载体合力的生成

新媒体技术的快速发展为高校思政教育带来了全新的平台和机遇。各类网络平台，特别是以手机 App 为代表的新型媒体工具，成为高校思政教育实施的新平台，极大地拓宽了思政教育的覆盖面。这一趋势不仅提高了思政教育的传播效率，同时也带来了一系列新的挑战与机遇。手机 App 作为思政教育的新平台，通过移动互联网的便捷性，使得学生能够随时随地进入教育站台学习。专门的"思政 App"不仅提供了课程内容，还可能包括互动式学习、在线讨论、学科竞赛等多元化教育形式。这种形式的思政教育不再受限于传统教室和课程表，更具灵活性和开放性，符合学生碎片化学习的特点，增强了学生的学习主动性。除了专门的 App 之外，各类网络平台也成为传递思政教育内容的有效渠道。短视频、微博话题、朋友圈等社交媒体平台的广泛使用，为思政教育提供了更为丰富的表达形式。通过这些平台，思政教育工作者可以创造更富有创意和趣味性的教育内容，引起学生的兴趣，提高思政教育的吸引力。

新媒体时代信息传播的力度和范围的提升也为高校思政教育资源整合提供了动力。教育资源的海量化和公开化，使得教育者可以更便捷地搜集、购买或下载相关教学资源。高校思政教育工作者可以充分利用新媒体技术，将这些资源传递给学生，提高思政育人效果。新媒体时代的高校思政教育也面临着一些挑战。学生在新媒体时代的信息获取更加便捷，但也更容易受到不良信息的干扰。思政教育工作者需要引导学生在广大的信息海洋中正确辨别，培养他们的信息素养，提高思政教育的准确性和针对性。新媒体时代为高校思政教育提供了更多可能性，但也需要教育者不断创新，适应新形势，更好地服务学生的成长和发展。高校在加强思政教育的同时，也要培养学生对新媒体的正确使用，使其在信息时代更好地参与思政教育过程。

第二节 科技创新与思政教育的整合

一、科技创新文化融入高校思想政治理论课教学的必要性

（一）党和政府对高校思想政治理论课教学的期望

习近平总书记在中国科学院和中国工程院的大会上明确提出，中国要强盛、要复兴必须发展科学技术，成为全球科学中心和创新高地。这一重要论述凸显了科技创新对国家发展的关键性作用，也为高校思想政治理论课的内容更新提出了明确要求。随后，总书记在思政课教师座谈会上指出，由于国内外形势和党国家工作任务的发展变化较快，思政课的教学内容必须与时俱进。这也是对高校思想政治理论课进行创新和更新的明确要求。具体体现在 2019 年 8 月印发的《关于深化新时代学校思想政治理论课改革创新的若干意见》中，文件要求研究编制习近平新时代中国特色社会主义思想进课程教材指导纲要，并明确提到了研究编制中华优秀传统文化、革命文化、社会主义先进文化、科技创新文化及总体国家安全观等进课程教材指南。其中特别强调了科技创新文化的融入，这标志着高校思想政治理论课的教学内容将更加注重培养大学生科技创新精神。科技创新文化作为一种新的教育元素，将在思政课中扮演着重要的角色。这不仅为大学生提供了更广阔的知识领域，同时也是为了适应时代发展的需要。在高校思政课中注入科技创新文化的内容，有助于激发学生的创新思维，培养他们的科技素养和创新能力。这一政策文件的发布，体现了党和国家对高校思想政治理论课的高度关切和对大学生科技创新精神培养的认可。通过引入科技创新文化，思政课的内涵将更加贴近学生的学科兴趣，更好地促进大学生全面发

展。高校在贯彻执行这一要求时，需要结合实际情况，创新教学方法，使科技创新文化的融入更具实效，为培养具有创新意识和实践能力的优秀人才提供有力支撑。

（二）高校思想政治理论课教学的责任和担当

将科技创新文化融入高校思想政治理论课教学，对贯彻落实习近平总书记有关新时代科技创新和高校思想政治理论课建设的重要论述具有重要意义。这一做法有助于践行党和国家的教育方针政策，促进深化新时代高校思想政治理论课改革创新，培养更符合时代需求的高素质人才。科技创新文化的融入有助于更好地贯彻习近平总书记关于科技创新的战略部署。当前，科技发展已经成为国家竞争力的核心，而高校是科技创新的重要阵地。将科技创新文化纳入思政课教学，有助于引导学生深入了解科技的伦理、法治、社会责任等方面的问题，培养学生具备科技创新的正确价值观和伦理观。科技无国界，但科技工作者有祖国。高校思政理论课的主要任务之一是培养学生树立正确的国家观念和爱国情怀。科技创新文化的融入，使学生更好地认识到科技创新与国家发展的紧密关系，培养他们对祖国科技事业的热爱和责任感，为国家的科技创新事业贡献力量。高校思政理论课以弘扬社会主义核心价值观为主线，将科技创新文化纳入其中，有助于培养学生爱国、敬业、诚信、友善等优良品质。科技创新需要具备团队协作、创新精神、专业素养等方面的素质，这与社会主义核心价值观的培养目标高度契合。通过思政课程的引导，学生将更好地理解科技创新与社会主义核心价值观的融合，形成积极向上的人生观和价值观。将科技创新文化融入高校思想政治理论课教学是顺应时代潮流的必然选择。这种做法不仅有助于培养更具创新精神的科技人才，也有助于提升学生的社会责任感和国家意识，为新时代高校思想政治理论课的建设注入更为丰富和有深度的内涵。

（三）新时代大学生成长成才的需要

高校思想政治理论课的核心任务在于牢牢抓住培养什么人、怎样培养人、为谁培养人这个根本问题。在这一背景下，科技创新文化的融入高校思想政治理论课教学变得尤为关键。科技创新文化在高校中不仅仅是一种普遍存在的精神文化，更是涵盖思想观念、价值追求、思维习惯、行为选择等方面的综合体现。为了更好地培养出符合时代发展需求的科技创新人才，高校必须通过思政课程对大学生进行有针对性的引导和培养。高校的实验设施、创新平台、课程教育、社团活动等构成了科技创新的物质基础和文化支持，但如果缺乏必要的思想政治教育，这些优质资源难以充分发挥作用。科技创新文化的融入思政课程，可以通过以下几个方面发挥作用：引导学生正确看待科技创新。通过思政课程，学生能够深入了解科技创新的社会意义、人类责任和发展趋势。这有助于使大学生树立正确的科技创新观，认识到科技创新不仅仅是技术问题，更是社会进步和文明发展的推动力。培养学生具有家国情怀和奉献精神。科技创新与国家、社会密切相关，通过思政课程的引导，学生能够深刻理解科技创新对国家发展的重要性，培养他们对祖国科技繁荣的热爱和为国家做贡献的责任感。强化道德与法治教育。在科技创新的过程中，学生需要遵循一系列的道德规范和法律法规。通过思政课程，可以加强对科技创新伦理和法治观念的培养，引导学生在科技创新中保持良好的道德风尚和法治觉悟。激发大学生的创新思维和实践能力。科技创新文化的融入思政课程，应该强调培养学生的创新思维和实践动手能力。通过各类案例分析、讨论和实践活动，引导学生在科技创新领域中大胆尝试、积极探索，培养他们具备科技创新所需的创造力和实践能力。在新时代，高校思想政治理论课与科技创新文化的有机融合，既有助于全面提升大学生的综合素质，又为培养符合时代要求的高素质科技人才奠定了思想基础。

二、高校思想政治理论课教学引导大学生崇尚科技创新

（一）科技创新对于国家的重要性

在实现中华民族伟大复兴的战略全局和迎来世界百年未有之大变局的时代，中国正迈向全面建设小康社会，而科技创新被视为实现跨越式发展、避免中等收入陷阱的关键动力。随着人均 GDP 达到一万美元的里程碑，中国将全面建设

现代化国家，而实现这一目标的根本途径之一就是以科技创新为引领，推动产业结构的优化升级，构建现代化产业体系，为全面建设社会主义现代化国家开创新的征程。在这一伟大的历史任务下，高校思想政治理论课被赋予了培养大学生科技创新意识的重要任务。在"形势与政策"课程中，我们可以看到其主要内容旨在介绍国内外基本形势、主要大国之间关系、国内改革发展形势等。这些内容无疑都涉及到科技创新在国家发展中的关键性地位，以及如何营造科技创新文化的必要性。弘扬爱国主义精神是培养科技创新意识的基础。爱国主义是中华民族精神的核心，而科技创新正是实现国家富强、人民幸福的必由之路。通过思政课程，学生能够深刻理解科技创新对国家独立、人民福祉的深远影响，从而在自身的成长过程中培养出对祖国科技事业的热爱和责任感。时代精神中的改革创新核心理念对科技创新的引导至关重要。改革创新作为时代的主题，科技创新无疑是这一主题中最为重要的组成部分。通过思政课程，学生能够了解到改革创新是推动国家发展的不竭动力，同时也会了解到个体在这一时代背景下，应当如何以创新的思维去参与社会实践，推动科技进步。引导学生正确理解国内外形势是培养科技创新人才的基础。形势决定任务，对于科技创新而言更是如此。思政课程通过介绍国内外形势，让学生全面了解到科技创新所面临的机遇和挑战，培养他们敢于创新、勇于探索的科技创新意识。在高校思政课程的引导下，学生将更加深刻地理解科技创新在国家发展中的重要性，形成对科技创新的自觉追求和使命感。这有助于激发大学生的创新热情，使他们更好地融入国家的科技创新大潮中。

（二）科技创新对于社会的重要性

当前我国社会主要矛盾的具体内容和解决办法成为高校思想政治理论课教学的重中之重。其中，引导大学生认识以科技创新集中力量发展社会生产力是关键内容之一，因为科技创新不仅是解决人民日益增长的美好生活需要和不平衡不充分发展之间矛盾的根本路径，也是推动社会经济发展的关键动力。在过去，粗放式的发展方式已经无法满足人民对美好生活的向往。为了实现人民幸福，创新、协调、绿色、开放、共享的发展理念被提出，而其中科技创新被视为引领发展的第一动力。高校思政理论课通过教学，需要引导学生深刻认识到科技创新对社会发展的关键性作用。人民对美好生活的向往体现在对更高质量生活的追求，包括吃、穿、住、用、行、医疗、教育、娱乐等方面。在这一过程中，被誉为中国"新四大发明"的移动支付、高铁、共享经济、网购等新技术应用的兴起，正是建立在科技创新和应用基础上。这些创新不仅带来了便利和实惠，也改变了人们的生活方式。疫情期间，我国通过互联网技术的创新，实现了大中小学停课不停学，员工居家隔离不影响工作。这再次印证了科技创新对社会的重要性。高校思政理论课应当通过案例分析和深度解读，帮助学生理解在危机中科技创新的作用，促使他们认识到科技创新对应对各种挑战的必要性。高校思政理论课还要引导学生理解政府在科技创新方面的引导作用。政府通过引导社会资本流向科技创新领域，采取科技创新券、企业低息贷款、创新奖励等举措，促进社会资本回归实体经济，助力企业技术创新服务社会。通过深入讲解这些政策，使学生了解政府在科技创新方面的积极引导和推动作用，培养他们对国家发展大局的深刻认识。高校思政理论课在科技创新教学方面的努力，有助于培养大学生的科技创新意识，使他们认识到科技创新是实现国家富强、人民幸福的不可或缺的力量，进而积极参与和投身到国家的科技创新事业中。

三、高校思想政治理论课教学培养大学生科技创新素质

（一）用马克思主义基本原理培养大学生科技创新思维

思想政治理论课教学中，马克思主义唯物论和辩证法的学习是至关重要的，因为它们构成了高校思政教育的理论基础。这两者不仅帮助大学生认清物质和意识的关系，而且在引导学生思考科技创新活动时，提供了宝贵的方法论和理论指导。在课堂教学中，教师需要有意识地引导大学生认识到科技创新活动必须遵循马克思主义唯物论和辩证法。首先，马克思主义基本原理被认为是科学的，是通过实践检验的真理。因此，在科技创新中，学生应该认识到科学方法和实践是不可分割的。科技创新需要建立在对客观规律的深刻理解基础上，而

这正是唯物论的核心思想。将科技创新活动与唯物论原理结合，有助于避免脱离实际情境，使科研工作更具科学性和实践性。马克思主义基本原理揭示了事物发展的规律，强调了事物发展的根本原因在于事物内部的矛盾。在科技创新中，这意味着学生需要深入理解事物内在的复杂性，正确认识各要素之间的相互关系。科技创新过程中常常涉及到各种各样的内外因素，了解这些因素如何相互影响、相互制约，是科技工作者成功开展创新工作的关键。辩证法的思维方式有助于学生看待科技创新活动时的全局性和复杂性，使其能够更全面地分析和解决问题。马克思主义基本原理还强调了事物发展的趋势，指明了前进的方向。对于科技创新来说，这意味着科研工作者要具备大胆尝试、敢于试错的勇气。科技创新往往需要摸索未知领域，面对曲折的道路和困难，必须保持积极进取的精神。马克思主义唯物论和辩证法的理论指导，有助于科技创新者保持对未来的信心，理解变革是不可避免的，而这种变革往往是正面的、向着光明的方向发展的。因此，思想政治理论课教师在教学中应当注重科技创新这一实际问题的引导和分析，帮助学生运用马克思主义唯物论和辩证法的思想工具，理解和解决科技创新中的各种矛盾和问题，从而更好地服务国家和社会的发展。

（二）用道德法律规范教育大学生遵守科技创新操守

高校思想政治理论课的教学目标之一是提高大学生的道德素质和法律素养。在科技创新领域，这一目标显得尤为重要。思想政治理论课教学需要引导大学生认清在科技创新过程中的伦理道德底线，强调遵守职业道德和法律法规的重要性。

大学生在科技创新中需要认识到尊重自然和生态环境的重要性。科技创新活动应当遵循人与自然和谐相处的原则，不得违背良知和操守。以实例中刘某的行为为例，投喂化学物质给动物不仅是对动物权益的侵犯，也是对自然环境的破坏。这种违反伦理道德的行为不应该在科技创新中存在，因为科技创新的最终目的是为了更好地服务人类和社会，而不是对其他生物和自然环境造成伤害。思想政治理论课教学要强调科技创新活动的伦理道德底线。在科技创新中，一些极端恶劣的实践，比如战争中的生化武器研发，都是对人类伦理道德的严重挑战。这些行为不仅违背了人类共同的道德准则，也违反了国际社会的法律规定。因此，大学生在参与科技创新活动时要深刻理解伦理底线，时刻牢记科技创新的目的是造福人类，而不是制造破坏。思想政治理论课教师应引导大学生在科技创新中保持诚实守信。剽窃他人科研成果是一种不道德的行为，也是侵犯知识产权的违法行为。科技创新需要在学术规范和法律框架下进行，强调合法获取和利用知识。大学生在科技创新中应当注重团队协作和知识共享，远离抄袭和剽窃的不端行为。高校思想政治理论课教学应该通过相关案例和理论知识的讲解，引导大学生在科技创新中保持道德操守，不违背伦理底线，遵守法律法规，始终以造福人类社会为科技创新的根本目的。

四、科技创新文化融入高校思想政治理论课教学的路径

（一）科技创新文化融入高校思想政治理论课线上教学

混合式教学在当前高校思想政治理论课教学中得到广泛应用，其线上教学平台为学生提供了资源丰富、多样的学习内容，并克服了时间和空间的限制，成为大学生随时随地自主学习的理想选择。通过充分利用线上教学平台，思想政治理论课可以更好地与科技创新内容融合，为大学生提供更为灵活和立体的学习体验。线上教学平台成为整合党和国家领导人关于科技创新的讲话、政策法规、大学生科技创新赛事信息、教学微视频等资源的有效途径。这些内容的整合与融入思想政治理论课线上教学资源库，不仅丰富了教学内容，也使学生能够更全面地了解和理解科技创新在国家发展中的重要性。在线督学机制的建立能够激发大学生在线学习的积极性，促使他们更主动地参与思想政治理论课的学习过程。为了更好地准备线下课堂教学，思想政治理论课教师应提前发布导学单和融入科技创新相关案例，为学生提供预习材料。这样的准备可以使学生在课堂上更深入地讨论和思考，提高他们对科技创新与思想政治理论的理解。通过在线讨论和提交学习心得的方式，教师可以更好地了解学生的学习情况，及时调整教学内容和方法，实现线上线下教学的有机衔接。混合式教学为思想政治理论课的科技创新教育提供了全新的可能性，通过充分挖掘线上教学平台

的潜力，可以更好地培养大学生的科技创新精神和思想政治素养。

（二）科技创新文化融入高校思想政治理论课课堂教学

尽管信息技术的发展使得线上教学日益成熟和普及，但线上教学无法完全替代师生面对面的课堂教学。事实上，线上教学与课堂教学之间应当被看作是互相补充而非相互取代的关系。在高校思想政治理论课教学中，尤其是在融入科技创新文化方面，课堂教学被认为是主要的阵地。思想政治理论课教师通过课堂教学，能够更自然地将科技创新文化融入授课内容，以数据对比、案例导入等方式引发学生对科技创新对国家命运和个人前途的影响的思考。在课堂教学过程中，教师可以巧妙地结合线上教学资源，通过情景模拟、讨论、辩论、演讲等方式调动学生的课堂积极性。以实际案例，如中国芯片研发、新冠肺炎疫苗、发动机技术等为切入点，引导学生进行深度思考，探讨这些领域中的挑战与机遇。通过师生的"头脑风暴"，教师能够引导学生更加关注国际关系和社会现实，使他们对科技创新有更为深刻的认知。此外，也能够激发学生对科技创新的紧迫感，推动他们更加主动地投入到科技创新的学习和实践中。因此，课堂教学不仅是将科技创新文化融入思想政治理论课教学的有效途径，同时也是激发学生兴趣、引导思考的关键环节。通过课堂教学，能够更好地实现对大学生科技创新思维的培养，增强他们的科技创新本领。

第四节 持续发展与创新的战略规划

一、高校思想政治教育持续发展的动力

（一）优化思想政治教育供给结构

在思想政治教育供给主体多元转向的背景下，为实现优化配置、提高供给结构科学性和有效性，需采取一系列措施。首先，必须充分认识各教育主体的特点，以满足具体需求为导向进行主体结构的优化。例如，在大学生创新创业

教育中，可以整合就业指导教师、辅导员、专业课教师等多个群体的力量，以全面引导学生的创新精神。而在大学生法制教育方面，可整合思想理论课教师、辅导员、法律专业教师的力量，形成有机合作，提升法制教育的深度和广度。应根据时代特点优化供给方式。传统的思政课主要注重课堂授课，而新时代的特点则要求理论教学与实践教学相结合、线上教学与线下教学相结合等。在这一背景下，教育机构需要调整供给方式，使之更好地适应时代发展的需要，提高教育科学化水平。通过整合线上线下资源，形成有机衔接，能够更好地激发学生的学习兴趣，增强思政教育的实效性。根据自身实际情况优化资源配给。不同地区、高校和部门的工作基础和工作情况各异，因此，资源配给也应因地制宜。一些高校可能在硬件设施上存在短板，有些则可能面临专职辅导员不足的问题。对于这些差异，可以通过资源的有益互补来优化配给，确保各方面都能够充分支持思政教育工作。这种差异化的资源配置策略有助于形成更为灵活、适应性强的供给体系。通过根据需求优化主体结构、根据时代特点优化供给方式、根据自身实际优化资源配给，可以使思想政治教育供给主体更加科学、灵活，推动整体工作水平的提升。

（二）增强思想政治工作的文化蕴涵

在思想政治教育中，对青年学生进行理论灌输和文化渗透的有效融合是至关重要的。青年学生正处于思想形成和发展的关键时期，理论灌输和文化渗透能够共同为其健康成长提供坚实支持。在多元思想交锋的社会环境中，理论灌输是确保学生具有正确世界观、人生观、价值观的关键手段。然而，随着时代的发展和青年学生新的思想特点的出现，文化的力量在思想政治教育中的作用变得越发显著。思想政治教育作为一种政治文化，紧密关联着人的生产生活实践，与人的一种生存方式密切相关。在这一背景下，将思想政治教育融入文化现象中，通过文化渗透的方式，可以更好地引导学生树立正确的政治观念和社会责任感。正如"蓬生麻中不扶自直"一样，通过文化的熏陶，学生可以在不知不觉中形成正确的思想基础。

理论灌输与文化渗透并非相互独立，而是相互融合、相互促进的。理论灌输需要在文化的滋养中实现更好的效果。在理论灌输的过程中，可以巧妙地利用文化的力量，使理论更具吸引力、影响力和感召力。通过将理论知识嵌入人们熟知的文化背景中，可以更好地引起学生的共鸣和理解。与此同时，文化渗透也需要在理论灌输的指引下进行。明确马克思主义理论的指导，以社会主义先进文化为抓手，能够确保文化渗透的方向是与正确理论一致的。在实践中，理论灌输和文化渗透应该形成相互补充、相互支撑的关系。理论灌输提供了科学的、体系化的理论知识，而文化渗透通过贴近学生生活、贴近社会实际的方式，将理论知识更好地融入学生的日常思考和行为中。二者的有效融合有助于培养学生正确的思想观念、积极向上的人生态度以及积极的社会责任感。在思想政治教育的实践中，需要精心设计教学方法，将理论灌输和文化渗透相结合，以更好地推动青年学生全面发展。

（三）借助多学科理论和方法

思想政治教育学科建设既需要保持学科自信，提升学科质量，促进学科的发展，也要紧密结合现实问题，借鉴其他相关学科的经验和方法，形成创新成果。在这个过程中，学科之间的交流、影响和认可至关重要。下面将从人文学科的人文关怀和社会学科的实证研究范式两方面进行深入探讨。人文学科的人文关怀对思想政治教育方式提供了重要的启示。人文学科强调通过文化的感召力展现广泛的人文关怀，以提升受教育者对专业知识的兴趣。在思想政治教育中，我们可以借鉴这种方式，坚持政治性方向的同时注重体现以人为本。重视受教育者的主体性，正视他们的实际需求，通过实践中寻找教育活动与受教育者的情感共鸣，实现以情动人、以情感人、以情化人的教育目标，从而增强思想政治教育方式的人文属性。这不仅有助于提高受教育者的学习兴趣，还能够更好地激发他们的思考和参与意愿。

社会学科的实证研究范式对思想政治教育方式的完善具有借鉴意义。社会学科强调实证研究，同样在教学过程中注重实证的教学范式。思想政治教育可以借鉴这一理念，通过有效运用社会实践教学，但不仅仅是让学生简单地参加社会实践。应根据学生的学科背景和思想政治教育的实际内容，有针对性地设计社会实践活动，使之与思想政治教育、专业教育、社会教育紧密结合。通过实践教学，学生可以在社会实践中感悟社会、理解专业、提升思想，真正实现知行合一的目标。思想政治教育学科建设需要在保持学科特色的同时，借鉴其他学科的优秀经验，通过构建学科交叉研究平台和对话平台，解决实际问题，推动学科之间的交流与认可。通过学科之间的有机融合，形成更为全面、创新的思想政治教育方式，更好地服务于学生的全面发展。

二、思想政治教育创新对策

（一）改变思想政治教育管理理念

树立正确的思想政治教育理念是提高当代学生思想道德素质的基本前提，也是推动思想政治教育工作全面发展的关键。在这一背景下，高校必须制定严格而健全的学校管理制度，以人为本，全面对当代大学生进行思想政治教育，形成一套规范化的绩效管理机制。高校管理团队需要树立服务导向，将"教育服务"视为各级学校、各类人才"网络服务"中的重要环节。这种服务导向要贯穿于整个管理体系，从高校领导到基层管理人员，每个成员都应理解和践行"服务"的本质。高校可以通过建立健全的教育服务制度，明确责任、权利和义务，推动全员参与和团队合作，形成一支服务意识强、水平高的教育服务队伍。高校管理团队的每个成员都应接受思想政治教育的教育和培训。这不仅包括对现有管理人员的培训，还要注重对新进人员的培养。通过开展系统的思想政治理论学习和实践活动，使管理团队成员更好地理解和把握思想政治教育的核心要义，提升他们的服务水平和管理水平。高校管理团队应鼓励学生德智体美劳全面发展。这意味着在管理活动中要注重培养学生的全面素质，不仅要关注学科知识的传授，更要关心学生的品德养成、思维能力培养、身体健康、审美情感和实践能力的培养。通过全方位的教育服务，激发学生的学习兴趣，提高他们的人文素养，培养他们具备创新精神和团队协作能力的综合素质。高校的管理目标应当是实现学生自我管理、自我教育和自我服务。通过为学生提供全面的思想政治教育服务，使其具备独立思考问题、解决问题的能力，逐步实现自我管理和自我服务的目标。这不仅是高校管理团队的使命，也是对当代大学生素质培养的最终追求。在整个过程中，高校管理团队要时刻保持对正确思想政治教育理念的坚守，以确保学校管理制度的严谨性和服务导向的明确性，为学生提供更加全面、有效的思想政治教育服务。

（二）提升高校思想政治教育教师水平

提升高校思想政治教育水平的关键在于建立一支理论知识丰富且具备创造力的高校思想政治队伍。这支队伍的构建需要在教师队伍的学历、年龄、专业、职称等方面实现平衡。为此，高校应注重领导干部对思想政治教育工作的明确认知，并为师资力量的提升提供有力支持。高校思想政治教育领导干部应深刻认识思想政治教育的重要性。他们应明确思想政治教育对大学生思想品德养成的关键作用，将其纳入学校工作发展战略的核心要务之一。同时，领导干部要关注思想政治教育队伍建设，制定相应的政策，为教师提供更多的培训、发展机会，鼓励他们深入研究思想政治理论，提高综合素质。选拔优秀的思想政治教育教师是构建高水平队伍的关键步骤。高校应该注重对思政课教师的选拔与培养，要求其既具备较高的学科专业水平，又有深厚的思政理论功底。学历结构、年龄结构、专业结构、职称结构等方面要实现平衡，确保队伍的结构多样性，能够全面满足学生的思想政治教育需求。

思想政治教育工作者还应关注对学生社团的领导与管理。通过培养社团中的骨干成员，引导他们自觉地开展思想政治教育学习活动，发挥其在学生中的示范和引领作用。通过建设多样性的社团活动，激发学生对思想政治教育的兴趣，使其在实践中深刻理解思想政治理论，形成正确的世界观、人生观、价值观。高校应鼓励并赋予学生更多的参与权利。通过设立学生代表、设立学生议会等机制，让学生参与到决策过程中，激发其对思想政治教育的热情。同时，要建立反馈机制，及时了解学生对思政工作的需求和意见，形成一种共建共治的思想政治教育氛围。在整个过程中，高校思想政治教育工作者要不断提高自身的政治素养和专业水平，紧跟时代潮流，不断创新教育理念和方法，以更好地适应学生的需求，为他们的全面发展提供有力支持。

（三）强化大学生心理健康教育

思想政治教育工作的另一重要途径是心理健康教育，将心理健康教育与思想政治教育工作有机结合，能够更好地促进思想政治教育工作的开展。在当前大学生面临外界客观条件和自身心理不成熟等多方面的压力下，心理健康教育成为关键环节，有助于引导学生更好地面对困难，排解负面情绪，避免不当行为的发生。学校应高度重视心理健康教育，通过积极组织各个学院的学生参与心理健康教育活动，引导学生以合理的方式排解心中不良情绪。这可以通过定期开展心理健康讲座、举办心理辅导培训、组织心理健康知识竞赛等形式来实现。这些活动不仅可以为学生提供专业的心理健康知识，还能够增进学生对情感管理和心理调适的认识，使他们更好地适应大学生活中的各种挑战。学校应关注学生的心理状况，通过对学生情况的分析，总结出容易引起学生心理问题的因素，并针对这些因素进行合理疏导。

学校可以设立心理健康服务中心，提供专业的心理咨询服务，为学生提供一个开放、安全的环境，让他们能够倾诉内心的困扰。此外，建立学生心理档案，定期进行心理健康评估，及时了解学生的心理状况，为有需要的学生提供更精准的帮助。此外，学校还可以通过开设相关课程，将心理健康教育融入思想政治理论课的教学内容中。通过教材、案例分析、小组讨论等方式，引导学生认识自己的心理状态，培养积极向上的心态，提高面对问题的应变能力。这样的课程设置既有助于学生形成正确的人生观、价值观，也能够在日常生活中更好地应对各种压力和困扰。将心理健康教育与思想政治教育紧密结合，能够更全面地关注学生的成长需求，帮助他们更好地适应大学生活，提升思想政治教育工作的实效性。这不仅有助于学生成为德智体美劳全面发展的社会主义建设者和接班人，也有助于构建和谐的校园环境，促进学生的全面发展。

参考文献

[1] 陈忠伟；李智．新时代国际合作办学思想政治教育路径探索［J］．西部学刊，2023，（16）；92-96．

[2] 袁茵．立德树人视域下课程思政助力体育课程建设的路径研究［J］．才智，2023，（30）；33-36．

[3] 李静．高校思政课程在大学生核心价值观塑造中的作用研究［C］//中国陶行知研究会．2023年第九届中国陶行知研究座谈会论文集．［出版者不详］，2023；3．

[4] 朱政明，朱丽英，江凌．高校本研一体化实验课程思政教学体系建设［J］．食品工业，2023，44（11）；207-212．

[5] 张水旺，汪春胜．以思政教育为核心的育人模式研究与探索［J］．安徽工业大学学报（社会科学版），2021，38（04）；95-97．

[6] 赵翔．基于学生创新创业能力培养的思政管理创新［J］．现代职业教育，2022（03）；103-105．

[7] 周永红．高校思政教育课互动教学模式探究［J］．湖北开放职业学院学报，2022，35（16）；74-76．

[8] 邓静娴．高校学生管理与思政教育工作的融合发展思考［J］．办公室业务，2023，（17）；57-59．

[9] 祁腾姣，刘清．新时代职业院校基于虚拟现实等科技手段进行思政教育的前景研究［C］//中国智慧工程研究会智能学习与创新研究工作委员会．2022教育教学与管理（高等教育论坛）论文集．［出版者不详］，2022；2．

[10] 任依清．案例教学法在高校思想政治理论课的运用研究［D］．中国地质

大学（北京），2018.

[11] 张晓霞. 高校思政教育在学生管理中的实践路径探析 [J]. 科教导刊，2022（06）：141-144.

[12] 周盈. 高校学生社会责任感培养的研究 [D]. 湖南农业大学，2014.

[13] 徐媛媛. 高质量发展视域下高校职业生涯规划课程思政的路径研究 [J]. 现代职业教育，2023（31）：49-52.

[14] 唐剑香. 论舞蹈艺术在职业院校学生思政教育中的作用 [J]. 大众文艺，2023，（09）：169-171.

[15] 李友谊. 文学经典阅读在大学思政教育中的作用 [J]. 文学教育（上），2020，（05）：108-109.

[16] 王永强. 论如何发挥中国当代艺术歌曲在高校思政教育中的作用 [J]. 艺术家，2021（08）：65-66.

[17] 叶方兴. 论思想政治教育学科交叉研究的四重使命 [J]. 思想教育研究，2023（01）：37-42.

[18] 王会，王小琴. 新时代大学生社会责任意识与思想政治教育初探 [J]. 现代交际，2019（16）：146-147.

[19] 王红艳. 科技创新文化融入高校思想政治理论课教学研究 [J]. 黑龙江教育（理论与实践），2022（04）：15-17.

[20] 冯刚. 增强高校思想政治教育持续发展的内生动力 [J]. 中国高等教育，2017（Z2）：25-29.